Petites histoires extraordinaires d'Entrepreneurs

Petites Histoires Extraordinaires d'Entrepreneurs

Paul-Henri MOINET
Dominique JULIEN

Maquette intérieure par Jérémy Augé - fatjeremcreation@free.fr

ISBN 978-2-13-056474-4

Dépôt légal — 1re édition : 2007, octobre

6, avenue Reille, 75014 Paris

Tous nos remerciements

à l'AFIC et en particulier à Patrick Sayer qui a rendu ce projet possible ainsi que Eddie Misrahi, Dominique Nicolas, Grégory Sabah et Marie-Agnès Gastineau qui nous ont accompagnés avec passion et rigueur

aux 37 Fondateurs ou Entrepreneurs, dont la valeur d'exemple est si stimulante et qui nous ont donné leur temps en nous accueillant avec bienveillance et humilité

à Lydie Mortini et Virginie Brun

au Yacht Club de Porquerolles, Sebastien Leber et Georges Keller

à l'équipe PUF pour ses conseils, son humour et son audace

à César, Benjamin, Colombe et Aurélien

Sommaire

Préface

Par Patrick SAYER, Eddie MISRAHI et Gonzague de BLIGNIÈRES

Quelle est la caractéristique commune à toutes les bonnes idées ? La durée des thèses qu'elles expriment, leur pertinence, leur universalité ? Non, beaucoup plus simplement, le fait que leur paternité soit le plus souvent sujette à controverse.
Curieuse introduction, allez-vous nous dire, pour mettre en valeur l'excellent ouvrage de Paul-Henri Moinet et de Dominique Julien. Et pourtant, nous restons persuadés que mettre en avant les entrepreneurs dans ce combat qui vise à réhabiliter les investisseurs en capital est une vraie bonne idée.
Une vraie bonne idée car elle doit permettre d'expliciter par ces histoires passionnantes l'alchimie qui fait la force de ce couple investisseur-entrepreneur. Une alchimie peu ordinaire qui fait qu'une entreprise, soudain, se développe encore plus vite, créant plus de prospérité pour tous ses constituants : actionnaires évidemment, mais aussi collaborateurs, clients, fournisseurs, sans oublier notre ami le fisc.
Alors, bonne idée ou pas, toujours est-il qu'il nous est à peu près impossible de rendre hommage à celui de qui est venue l'idée de ce livre. Nous dirons simplement qu'elle est le fruit d'une passion commune et de rencontres. Une passion pour ce métier de révélateur de talents, d'accompagnateur d'entrepreneurs ou de financier au sens noble du terme, c'est-à-dire ni mesquin ni égoïste mais au contraire épris de développement, de croissance pour le bien d'une société et d'un système parfois malthusiens.
C'est vrai qu'il faut croire au mérite de la petite et moyenne entreprise dans un pays qui, depuis Colbert, ne vise qu'à favoriser la très grande entreprise, lui consacrant et son modèle économique de référence et la crème de son système éducatif.
Cette passion, ce credo sont partagés par tous ceux qui, depuis vingt-cinq ans, ont donné une année de leur temps à présider l'AFIC, l'Association Française des Investisseurs en Capital, et c'est à eux en premier que revient l'idée de ce livre. Qu'il s'agisse de Dominique Oger ou de ses prédécesseurs. Sans oublier les administrateurs de l'association,

Grégoire Sentilhes notamment, qui nous apportent quotidiennement leur soutien. Si l'idée qui consiste à faire parler les entrepreneurs plutôt que les financiers paraît s'imposer comme évidente – qui aurait l'idée de faire parler le producteur plutôt que le réalisateur pour faire la promotion d'un film, même s'ils forment un couple indispensable ? – encore fallait-il trouver la façon à la fois pertinente et simple de les faire s'exprimer, dans une combinatoire d'entreprises plus ou moins grandes allant de la technologie à l'industrie ou aux services.

Ceci n'aurait pas été possible sans quelques rencontres fortuites, du professeur d'Université qui nous a permis d'échanger avec un éditeur passionné de sciences humaines qui a saisi tout l'humain de notre métier, au coup de foudre entre cet éditeur et l'un de ses jeunes camarades d'école passionné par le côté contre-intuitif de notre démarche. Un intérêt d'autant plus audacieux que tant de media, asservis par les groupes qui les financent, quand bien même ils les détestent, donnent dans la pensée unique et l'image d'Épinal du fonds d'investissement destructeur d'emplois et de richesses pour le seul bénéfice de ses investisseurs.

Et même si cette image est battue en brèche par toutes les études sérieuses au point que les grands syndicats dialoguent avec nous, il est de bon ton de gloser des périls que les fonds font courir à l'économie alors même que Monsieur de La Palice serait d'accord pour dire que pour qu'une entreprise devienne grande, il faut d'abord qu'elle ait été petite.

Alors, réjouissons-nous de cette démarche, de son succès auprès des entrepreneurs que Dominique Julien a rencontrés et interviewés, sans oublier un travail photographique de grande qualité qui rajoute à la dimension humaine et personnelle de ces aventures.

Alors, bonne idée ou pas, qu'importe si de nombreux lecteurs en ressortent avec une vision différente, moderne et positive à la fois de ces capitaines d'entreprises et des pilotes qui les accompagnent.

Pauline d'ORGEVAL

1001 listes ou l'invention du mariage virtuel

Pendant son deuxième congé de maternité, une jeune maman a une idée : personnaliser et réhumaniser le cadeau de mariage. Elle n'a aucune expérience particulière de la distribution, du luxe ou des Arts de la Table. Elle a simplement constaté, à l'occasion de son propre mariage et de la naissance de son premier enfant, que le système traditionnel était perfectible. Elle imagine en 1999 un nouveau service : fédérer plusieurs boutiques sur Internet pour permettre aux futurs mariés d'avoir enfin des cadeaux plus originaux dont ils connaissent la provenance.
Adieu listes anonymes et conventionnelles.
Adieu et sans regret.

En sortant d'HEC, Pauline d'Orgeval rentre chez Otis. Elle y travaillera 6 ans, le temps de laisser mûrir l'envie d'entreprendre et la liberté que cela apporte, le temps aussi qu'il faut à une jeune femme plutôt attirée par l'humanitaire de comprendre le conseil de son père « *pour te rendre utile, tu ferais mieux de créer une entreprise, au moins tu créeras des emplois au lieu d'aller à la soupe populaire* ».
Trois moteurs sont à l'origine de l'histoire :
Une frustration, Internet, un fonds d'investissement.
D'abord une frustration : celle de ne pas se retrouver complètement dans les cadeaux qu'on lui offre pour son propre mariage et pour la naissance de son premier enfant. Pourquoi se résoudre à l'ordinaire pour célébrer les événements extraordinaires de nos vies ? Pourquoi tant de générations l'ont fait ? Par conformisme social, certes, mais surtout parce qu'Internet n'existait pas.
Internet sera donc le deuxième moteur de l'aventure. Internet, le service qui rend tous les services possibles. Fini le temps perdu à errer des boutiques de linge de maison aux agences de voyages, des adresses de décoration aux grandes marques des Arts de la Table. Abolie l'époque où le choix des familles se limitait à la sainte trinité du Bon Marché, du Printemps et des Galeries Lafayette. Dépassé le règne

du cadeau invisible où l'on cochait mécaniquement un produit type sur une liste sans avoir la chance de le voir ni même pouvoir remercier celui qui vous l'offrait.
Adieu le manque d'imagination qui paralysait les mères à l'idée d'offrir à leur première fille ou à leur cinquième le même service à thé. La sainte trinité des grands magasins n'a pas disparu mais de nouveaux dieux rassemblés dans le panthéon de 1001 listes sont venus défier son hégémonie. Nouveaux dieux des intérieurs design Clotilde Buschini, LSA, Sentou, Zéro one one, Zygote, Bo Concept, nouveaux dieux et nouvelles adresses de la cuisine, de la mode, du bien-être, de l'art contemporain, de la chambre à coucher, du jardin.
Troisième moteur dans l'histoire de l'invention du mariage virtuel : un fonds d'investissement. En mars 2000, un an après la création d'une SARL dont le business plan est formalisé pendant un congé de maternité et le lancement du site, Butler Capital Partners investit un peu moins d'un million d'euros. Le petite site parisien haut de gamme spécialiste du mariage va devenir une grande marque de services qui débanalise les grands événements de la vie quotidienne.
L'entreprise virtuelle peut désormais descendre dans la rue, ouvrir une dizaine de show-rooms dans les villes de province. Des vraies boutiques avec des vrais gens à l'intérieur pour vous inspirer ou vous conseiller, voilà l'idée en plus qui permettra à l'entreprise d'être adoubée par tous les petits prestataires du mariage. Et de créer la confiance des clients à un moment où le monde virtuel suscitait autant de doutes que d'espoirs. Désormais, 1001 listes n'est plus un défi d'anciens copains de campus d'HEC mais un redoutable concurrent des grands magasins et un nouveau modèle d'entreprise de services.
Choisir un cadeau personnel pour une naissance, un mariage ou faire un cadeau commun pour un anniversaire, le départ d'un collègue ou sans occasion particulière, redevient un plaisir. Simple pour les organisateurs car tous les dons sont centralisés, valorisant pour les invités car, en un clic, ils ont sous les yeux les photos de leurs cadeaux.
A ce jour, seules deux ombres ont failli obscurcir la lune de miel prolongée de la croissance de l'entreprise.
Le krach internet qui pousse le premier fonds d'investissement à se rétracter en septembre 2001 et oblige la fondatrice à lever de nouveaux fonds tout en divisant par deux les salaires de tous ses salariés.

« *Moments très durs car on se bat de tous les côtés pour récupérer des fonds, faire avancer l'équipe qui n'y croit plus, continuer à dire à la presse que tout va bien comme si de rien n'était* ».
La deuxième ombre qui faillit faire avorter la société fut la résistance farouche des marques de luxe jalouses de leur monopole et de leurs liens privilégiés avec les grands magasins.
Mais l'innovation finit toujours par payer : la marque Bernardaud reconnaît avant ses pairs la pertinence du nouveau projet et surtout le marché potentiel qu'il ouvre à ses propres produits. Frédéric Bernardaud, dans un premier temps excédé par la jeune internaute sans foi ni loi qui avait fait figurer par inadvertance sur son site quelques uns de ses modèles, devient son meilleur ambassadeur. Il lui présente tous les patrons des marques de référence du mariage jusqu'alors hostiles. Darty et Habitat suivront.
Côté financement, Cita prend le relais de Butler Capital Partners pour accompagner le développement de la jeune PME. Jusqu'au moment où sa fondatrice décide de s'adosser à un nouveau partenaire industriel et choisit de vendre son bébé à TF1 en décembre 2006. La pertinence de 1001 listes est aujourd'hui ainsi décuplée par la puissance commerciale et la force de frappe de Téléshopping.

François Mitterrand confia un jour à Rocard que pour réussir dans la politique, nul n'avait besoin d'idées brillantes. Il suffisait d'avoir quelques idées, des idées très simples et surtout d'avoir la constance de s'y tenir et l'endurance de les défendre envers et contre tout.
La réussite de 1001 listes est la transposition humble, dans le monde de l'entreprise, de cette sagesse politique. Et quand la force de la sagesse est décuplée par l'efficacité d'Internet, le succès est garanti. « *Une bonne vision, une bonne intuition, et beaucoup de persévérance* » résume modestement celle qui a profité de son expérience et de son époque pour donner tout son sens à la remarque de Balzac dans la Physionomie du mariage : « *le mariage doit sans cesse combattre un monstre qui dévore tout, la force de l'habitude* ».

Yves MOURIÈS

Aigle ou la nature sera mon empire

Un jour de 1988, des gens de Hutchinson débarquent chez le propriétaire de Moby Dick, une petite affaire marseillaise de vêtements de bateau.
C'est la première rencontre de l'aigle et de la baleine.
Le Marseillais revend son affaire au caoutchoutier et s'installe au siège de Hutchinson, propriétaire de la marque Aigle, rue Balzac à Paris.
En 1994, il rachète la marque que le président de Total a décidé de revendre pour mieux se concentrer sur ses métiers pétroliers de base. Aigle possède désormais 60 magasins en France, s'est implantée au Japon, en Chine, à Hong-Kong et la botte ne représente plus que 20% de son chiffre d'affaires.
Le petit Marseillais, qui reconnaît lui même avoir eu beaucoup de chance le jour où les hommes de Hutchinson sont venus le chercher, rêve de faire d'Aigle une marque outdoor mondiale.

Dans le Calvados, les Normands reconnaissent les Parisiens à leurs rutilantes bottes Aigle qui, drapées dans leur écrin bleu marine et blanc, semblent hors d'atteinte des affronts de la boue, de la bouse et du sable.
Indifférente aux aléas climatiques, la botte Aigle regarde le monde du haut de sa légende. Elle a su faire oublier ses origines roturières et industrielles, sa naissance à Montargis, mais sous son apparente sérénité se cache le bruit et la fureur de l'épopée industrielle des grands caoutchoutiers.
Tant que le caoutchouc n'est pas cuit, il est mou, flasque, amorphe. Pour le rendre résistant et étanche tout en conservant son élasticité, il faut le vulcaniser.
Un Américain, Hiram Hutchinson, rachète en 1853 le brevet de Charles Goodyear qui perfectionne la vulcanisation pour la confection des bottes et décide de fabriquer des bottes et des imperméables dans une usine installée dans le Loiret, à Langlée, près de Montargis. Pour commercialiser les premières bottes de l'usine de Montargis, il les marque au sceau du drapeau américain, l'aigle. La marque s'appellera donc Aigle.

Les grands caoutchoutiers, Hutchinson, Dunlop, Palladium règnent sur le marché des bottes nautiques ou d'équitation et des chaussures de sport jusque dans les années 1970.

« A l'époque, il suffisait de fabriquer pour vendre, il y avait moins de produits que de consommateurs, donc c'était encore le bonheur, le bonheur des industriels ».

Mais la concurrence de nouvelles matières technologiques et l'émergence de nouvelles marques de sport comme Adidas, Nike, Reebok mettent fin dans les années 1980 au bonheur des industriels. La fière botte Aigle perd de son lustre. Son propriétaire Hutchinson racheté par le groupe Total tente une incursion fatale dans la distribution pour relancer ses produits. L'éphémère enseigne Chausspro voit le jour dans les zones commerciales et quand Yves Mouriès prend la direction d'Aigle en 1989, elle compte 17 magasins.

Persévérer dans la très aléatoire aventure de la distribution aurait été diabolique. Yves Mouriès ferme 15 magasins sur 17, reconvertit les deux qui restent en magasins d'usine et décide de délocaliser la production de chaussures. En un an, les comptes sont remis à zéro.

« Agir en primitif, prévoir en stratège » disait René Char. L'entrepreneur donne plus souvent que prévu raison au poète. En fermant brutalement l'enseigne Chausspro, Yves Mouriès agit en primitif. Il lui faut désormais prévoir en stratège.

Une étude Ipsos sur la marque Aigle va l'aider à prendre conscience de sa valeur : elle démontre que les consommateurs attendent beaucoup plus de la marque que des bottes et des produits de sport. L'image perçue d'Aigle est bien plus riche et prometteuse que son image vécue ; l'imaginaire d'Aigle excède largement le réel de la botte. Pourquoi donc rester collé au sol quand, d'un coup d'aile, on peut s'ouvrir l'infini du ciel et de la terre ?

« Je vous en conjure, frères, restez fidèles à la terre et ne croyez pas à ceux qui vous parlent d'espérances supraterrestres, ce sont des empoisonneurs, des contempteurs de la vie, des moribonds, des empoisonnés eux-mêmes » chante le Zarathoustra de Nietzche.

Voilà la vision qui fait du manager marseillais fraîchement installé à Paris un nouvel entrepreneur : il comprend que le champ de développement de sa marque, c'est la terre entière, la nature et plus précisément tous les sports et les loisirs qui se pratiquent dans la nature.

Les Américains ont déjà nommé ce marché, c'est le marché de l'outdoor. Aux Etats-Unis des marques comme L.L.Bean, Eddie Bauer ou Patagonia ont ouvert la voie.
Doublement inspiré par l'étude Ipsos sur l'image de sa marque et par l'exemple américain, Yves Mouriès part à la conquête du marché de l'outdoor. Le spécialiste de la chaussure en caoutchouc qui, en 1953 produisait dans son usine de Montargis 30 000 paires par jour, a définitivement changé de vocation : désormais Aigle protégera, avec ses gammes de vêtements et de chaussures, l'homme dans la nature, en mer, à la campagne, en montagne.
« *C'est l'année où l'on a décidé de devenir une grande marque outdoor qu'on a créé les conditions du succès. Ensuite tout est allé vite mais justement parce qu'Aigle était une très belle marque, si nous n'avions pas eu cette marque, il aurait fallu beaucoup plus de temps pour réussir* ».
Dès 1991, Aigle redevient bénéficiaire alors qu'elle perdait l'équivalent de 6 millions d'euros en 1989. A l'exception des bottes qui sont produites dans l'usine de Châtellerault, toute la production est fabriquée en Asie, en Europe de l'Est ou au Maghreb.
Les distributeurs plébiscitent la nouvelle stratégie de la marque, le nouveau venu de l'outdoor devient la coqueluche de Décathlon, du Vieux Campeur, des grands magasins. Jusqu'à ce jour de 1993 « *où le président de Hutchinson vient nous voir et nous dit, très bien, vous avez fait un boulot formidable, mais on va vendre Aigle, le vêtement, les bottes, ce n'est pas essentiel pour nous* ».
Le redresseur de l'entreprise est aussitôt candidat au rachat.
Il prend son bâton de pèlerin, fait le tour des fonds d'investissement de Paris, choisit Apax Partners pour négocier une reprise de l'entreprise par LBO. « *Au bout de six mois d'indépendance, les gens d'Apax me disent : écoutez Yves, il faut qu'on introduise Aigle en Bourse, ce sera le premier LBO introduit au second marché, cela ne s'est jamais fait* ».
Une période d'euphorie commence, la marque lance des nouveaux produits fétiches comme en 1996, la veste parka Copeland qui s'est vendue à 600 000 exemplaires en trois ans, développe son réseau de magasins en propre et en franchise en France, négocie une licence au Japon avec le groupe Yamato, ouvre à Pékin et à Hong-Kong.
En 2003, après dix ans de développement avec Apax, l'entrepreneur et

le fonds d'investissement vendent 100% de leur capital au groupe de distribution suisse Maus.
L'aventure continue donc désormais avec un nouvel actionnaire mais toujours avec le même homme à sa tête.

« *Et nous voulons vivre comme des vents forts, voisins des aigles, voisins des neiges, ainsi vivent les vents forts.*
Zarathoustra donne ce conseil à tous ses ennemis :
Gardez vous de cracher contre le vent ».
Anticipation prophétique de la vie naturelle simple et libre à laquelle aspirent, de plus en plus nombreux, nos contemporains.
De l'aigle américain de Monsieur Hutchinson à l'aigle de Zarathoustra, la petite botte a fait bien du chemin.

Alain AFFLELOU

Alain Afflelou ou l'entrepreneur qui a toujours vu plus loin que le bout de son nez

« Du plus loin que je me souvienne, je ne me suis jamais dit, un jour, tu travailleras dans une boîte, tu auras un patron. Quand j'avais 12 ans, je rêvais d'être un cow-boy, un tarzan, jamais je n'ai imaginé devoir écouter un patron, obéir aux ordres ». Pas fou Afflelou.

Pour réussir, il faut connaître son métier et pour connaître son métier, il faut surtout connaître *« les gens autour »*. C'est donc parce qu'il a mieux compris les gens autour qu'Alain Afflelou n'est pas resté un opticien comme un autre. *« Les gens autour »*, comme Alain Afflelou les appelle, ne sont pas ceux que le marketing le plus pointu cible, fiche, enregistre dans ses bases de données, passe au crible jour et nuit pour analyser leurs usages et leurs attitudes, prévoir leurs réactions, programmer leurs envies.
Non. *« Les gens autour »* sont d'abord des hommes et des femmes que l'entrepreneur cherche à comprendre pour créer son marché. Pour les comprendre, nul besoin de longue réflexion ou de modèle théorique ; il suffit presque de comprendre leurs problèmes, leurs malaises, leurs gênes plus ou moins dites, leurs complexes plus ou moins avoués. Mais il faut les comprendre intimement, avec autant de bon sens que d'humanité, autant de précision que de compassion.
C'est ce qu'Alain Afflelou a parfaitement réussi avec les porteurs de lunettes.

Le fils de boulanger qui débarque d'Algérie à Marseille en 1962, est devenu la première marque d'optique en Europe.
Sa réussite, il ne la doit ni à ses études, ni à la fortune de sa famille mais d'abord à son intelligence passionnée et quasi-instinctive du marché.
A lui seul, il est la démonstration éclatante que l'intelligence d'un marché ne s'apprend pas forcément dans les études. On peut connaître

un sujet sans le comprendre. Comme l'ont fait par exemple des générations d'opticiens avant Alain Afflelou : ils travaillaient sans se poser de questions, sans se poser surtout les questions que les porteurs de lunettes se posent. :

Suis-je toujours moi avec ses yeux artificiels ?

Va-t-on me reconnaître ?

Pourrai-je encore plaire ?

Des générations d'opticiens se sont ainsi tuées à la tâche sans rien apporter d'autre à leur métier que leur conscience professionnelle.

Mais on n'invente pas un marché à force de conscience professionnelle.

Face aux innombrables et parfois informulables questions que se posent chaque porteur de lunettes à un moment ou à un autre de sa nouvelle vie, la conscience professionnelle est bien démunie.

Qui m'a ainsi condamné à mettre entre le monde et moi ce carcan qui me sauve et m'emprisonne à la fois ?

De qui ai-je hérité cette tare, ce handicap qui me diminue ?

Comment me sentir libre avec ce corps étranger oppressant mon visage ?

Pourquoi subir aussi visiblement les stigmates de l'âge et du déclin ?

Comment vivre légèrement avec une telle contrainte ?

Chaque jour de sa carrière, Alain Afflelou s'est posé toutes ces questions, tentant obstinément d'y apporter les réponses les plus pratiques, les plus originales, les plus modernes ou les plus économiques.

Non, porter des lunettes, ce n'est pas basculer, devenir vieux ou devenir un autre, pire encore un étranger à soi-même. Non, ce n'est pas renoncer à soi, à son image, à sa beauté, à sa séduction, à sa liberté.

Alain Afflelou n'a jamais supporté l'idée du porteur de lunettes triste.

« La tristesse est le passage de l'homme d'une plus grande à une moindre perfection » écrit Spinoza. L'entrepreneur opticien a consacré sa vie et son entreprise à convertir la tristesse du porteur de lunettes en joie. Car *« la joie est le passage de l'homme d'une moindre à une plus grande perfection ».*

La famille Afflelou débarque en 1962 à Marseille. Au bout d'un an le père d'Alain achète un pressing à Bordeaux parce qu'un des cousins y habite.

« J'avais 15 ans, on redémarrait tout à zéro, totalement déracinés, sans copains, sans couleurs, sans odeurs, sans pays, sans train de vie mais

on ne se plaignait pas, on n'avait pas le droit de se plaindre car on avait conscience ma sœur, mon frère et moi que nos parents vivaient des moments durs ».

La philosophie de la vie des enfants se forge très vite. Alain Afflelou la résume ainsi « *Oublie tout, parce que si tu veux vivre comme tu vivais là-bas, tu prendras beaucoup de coups* ». Il faut s'adapter, sans jamais accepter les choses comme une fatalité, s'adapter pour se refaire.

La leçon du père est sans appel :

« *Écoute mon fils, ton père ne pourra pas travailler toute sa vie pour toi et puis tu es juif et il faut que tu saches que nous, quand les autres ont des portes et des fenêtres ouvertes, nous il faut qu'on escalade pour y arriver de la même façon* ».

Le fils enregistre et tout en aidant son père à ramasser les épingles du pressing de Bordeaux, passe son bac. Aussi impatient d'être autonome que découragé de faire médecine par une petite amie, il s'inscrit au concours d'entrée à l'école d'optique Boulevard de Courcelles à Paris. Il réussit ses examens, sa façon à lui de rendre hommage au sacrifice de son père qui paie la scolarité et le logement.

En 1972, il emprunte de l'argent et ouvre son premier magasin à Bordeaux avec sa toute jeune épouse. Ils partagent la même conception du monde « *Aux innocents les mains pleines* ». Pourquoi donc reproduire ce que des générations d'opticiens de quartier ont déjà fait ? Pourquoi porter une blouse blanche pour servir les clients ? Pourquoi se donner des airs de médecin de Molière ? Pourquoi refaire éternellement la même vitrine, sans imagination ni spontanéité ? Pourquoi aménager son magasin selon des codes et des rituels ancestraux ?

Alain Afflelou sert ses premiers clients sans blouse blanche, travaille sans cravate, plutôt en pull à col roulé.

Le premier opticien iconoclaste est né. L'iconoclaste a pourtant encore quelque pudeur, il n'ose pas donner son nom à ses premiers magasins, ils s'appelleront donc le plus bêtement du monde Optica.

« *Je suis chef d'entreprise, ma femme s'occupe des achats et comme nous ne sommes pas nombreux, nous faisons tout nous-mêmes. Voilà* ».

Le jeune entrepreneur ne sachant pas vivre avec des gens sans se sentir bien avec eux, ne s'entoure que de gens qui lui sont sympathiques et familiers.

Liberté et familiarité sont les deux priorités personnelles et managériales de celui qui a toujours vécu en électron libre : tant pis pour le syndicat des opticiens, tant pis pour la corporation. Pour répondre à la concurrence des mutuelles qui passent des accords avec tous les opticiens syndiqués, Alain décide de se lancer dans le discount.

En 1978, Afflelou lance sa première campagne de pub massive pendant quatre mois sur les bus de Bordeaux avec un slogan que tout le monde a oublié :

« Montures de lunettes à moitié prix ».

Résultat : 400% de clients en plus.

Ne pouvant déposer la marque Visuel Optique pour devenir franchiseur, Alain consulte le publicitaire Félix Schwarz-Bart et lui avoue :

« Je suis mal, j'ai un problème avec l'enseigne et je propose les montures à moitié prix ».

Le publicitaire opère et le corps malade de l'entreprise naissante retrouve toute son ardeur.

Elle sera désormais affublée d'un nouveau slogan *« la moitié de votre monture à l'œil chez Alain Afflelou ».*

Miraculeuse conversion du banal *« à moitié prix »* en génial *« à l'œil »* car avoir à l'œil un article, même si ce n'est que la moitié d'un, c'est laisser croire au client qu'il est tellement malin qu'il aurait pu, s'il s'en était donné la peine, avoir la moitié restante gratuitement. Un produit dont la moitié est à l'œil semblera toujours moins cher qu'un produit à moitié prix.

C'est le tour de passe-passe de la publicité dont Alain Afflelou fera une arme redoutable pour dominer ses concurrents.

En 1984, alors qu'il a ouvert 60 magasins, il investit pour la première fois dans une campagne de publicité nationale. La première affiche héroïse le bel Alain porté en triomphe par des filles avec une déclaration d'amour qui sonne comme un cri de victoire sur le conformisme des opticiens traditionnels *« on est fou d'Afflelou »*. *« L'opticien de grand papa, basta ! »*.

Alain Afflelou, *« l'opticien nouvelle génération »* martèle le premier film publicitaire à la télé.

La petite entreprise de six personnes qui vend des montures à prix coûtant s'installe 196 rue Saint Honoré : *« 5000 francs de loyer par mois, je redémarre comme ça de zéro ».*

Pas un client mais de la pub, donc très vite des nouveaux clients et surtout des nouveaux franchisés rejoignant la longue marche du petit Bordelais qui préside bientôt un réseau de 200 magasins dont il détient 100 % du capital.
Une fois franchi le seuil des 200, une crise existentielle submerge l'entrepreneur heureux qui n'accepte plus de réduire l'expertise de son métier au simple culte de sa personnalité. C'est le marketing qui va le sauver du piège de l'autocélébration.
Il invente des nouveaux services et des produits révolutionnaires, le contrat *« lentilles-liberté »*, le verre 2 Al plus léger et incassable, la Tchin-Tchin.
« Je fais comme chez Darty, je ne fabrique rien mais je propose des nouveaux services pour élargir le marché ».
Depuis 2000, Apax Partners a succédé à Alpha Associés Conseil qui avait lui-même succédé en 1997 au Crédit Lyonnais dans le capital de l'entreprise.
Ce qu'apportent les investisseurs à l'opticien iconoclaste ?
« Ils m'aident à recruter, ils me proposent des affaires à l'étranger, ils sont une source d'idées sans jamais intervenir dans ma gestion ». Que les choses soient claires, *« si demain, on me demandait de faire des choses que je ne sais pas faire, je prendrais sûrement du recul ».*
Après l'introduction en Bourse de 2002, Alain Afflelou est obligé de faire des business plans *« je ne savais pas en faire, je n'avais pas envie d'en faire, cela n'a jamais été mon truc, je n'ai jamais travaillé en me disant on va gagner tant ».*
Carrefour lui vend tout son département d'optique, l'entreprise atteint bientôt 1000 magasins.

L'homme qui rêvait à 12 ans d'être un cow-boy ou Tarzan, de ne jamais avoir de patron est resté fidèle à ses rêves.
Et quand l'homme qui reste fidèle à ses rêves pleure, il pleure de joie.
Comme dans la chanson d'Enrico Macias :
« Quand je prends ma vie dans tes bras
Je prends chaque fois le monde avec toi
Mais ce soir encore une fois
J'ai envie de pleurer de joie ».

Philippe GUYON

Altaïr ou la vie de l'entrepreneur commence a 60 ans

Pendant 30 ans, un soldat fidèle gravit tous les échelons du pouvoir chez Alstom. En 1999, le groupe dirigé par Pierre Bilger décide de céder près de 40 unités de production. Mandaté pour vendre l'ensemble des 8 unités qu'il avait en charge avant d'arrêter de travailler, le soldat fidèle propose à son entreprise de racheter les deux usines les moins rentables du lot, une à Nantes et l'autre à Charlotte en Caroline du Nord.
Aujourd'hui, 6 ans plus tard, Boeing, Sukhoï, EADS, Bombardier, Dassault, Airbus, Dornier, Pratt & Whitney, Chengdu Aircraft, Shenyang Aircraft sont clients du leader mondial des presses de formage pour l'aéronautique.

Il faut être fou pour racheter une usine de mécanique lourde et une usine de machines outils alors que le monde entier cède à la déferlante de l'économie virtuelle et que le maître mot du moment est la désindustrialisation.
Mais le patron d'Altaïr a la sagesse de Pascal, « *les hommes sont si nécessairement fous que ce serait être fou, par un autre tour de folie, que de ne pas être fou* ».
Messieurs Darrigol de Lazard et Rouault de La Vigne d'IPO rendent possible le coup de folie de l'homme qui vient de se réveiller entrepreneur. Il n'y a pas d'âge pour sortir de son sommeil. L'homme libre n'oublie jamais, qu'au-delà d'une certaine limite, son ticket n'est plus valable. Un jour ou l'autre, il a besoin de s'affranchir des limites, de répondre à l'appel d'Altaïr.

Altaïr est le nom de la principale étoile d'une constellation de l'hémisphère boréal, la constellation de l'Aigle. C'est le nom que Philippe Guyon choisit pour baptiser sa société holding qui reprend les deux anciennes unités de production d'Alstom.
A 60 ans, l'ancien soldat loyal s'invente donc jeune entrepreneur.
« *Ce fut un peu traumatisant car j'ai vécu un changement d'attitude*

radicale de mes anciens collègues avec qui j'avais passé 30 ans chez Alstom. Ils m'ont considéré comme un mécréant, mes camarades m'ont mis au ban puisque je passais de l'autre côté de la table de négociation ».

Le banni prend le temps de réfléchir, avec d'anciens collaborateurs français et américains qui l'ont suivi, à son modèle de développement. Il n'inventera pas un nouveau modèle, il sera juste plus rigoureux dans l'application d'un modèle qui a fait ses preuves. Celui de l'hyperspécialisation.

« Jusque-là nous faisions des presses à tout faire, à matricer, à forger, à mouler le composite, nous étions généralistes. On a alors décidé de créer de la valeur sur des marchés infinitésimaux mais globaux à partir d'un tout petit nombre de technologies ».

Les principes sur lesquels reposent la réussite d'ACB sont simplissimes, c'est leur mise en œuvre qui demande un travail d'orfèvre.

Premier principe : priorité au recentrage.

Sélectionner trois technologies de niche et les appliquer à un seul secteur industriel, l'aéronautique.

Pourquoi ?

Parce que *« la diversification n'amène pas la sécurité mais l'illusion de la sécurité ».*

Et surtout parce qu'une machine, presse à matricer, à forger ou à mouler le composite coûte en moyenne 2 millions d'euros.

En 2000 le jeune entrepreneur de 60 ans rachète donc à Alstom deux unités ACB en France et Cyril Bath aux USA, spécialiste du formage des métaux et des presses hydrauliques.

Deuxième principe : garder la maîtrise de la conception et déléguer la production.

Autrement dit *« faire nos machines en ne fabriquant rien, faire nous-mêmes pour surinvestir sur l'ingénierie, la conception, notre trésor ».*

Troisième principe : Surprendre l'adversaire.

Les Chinois, concentrés sur la production de masse, n'investissent pas dans les marchés de niche. Là est la faille, là est la brèche.

Quatrième principe : alléger les charges

« Pas de problème d'atelier, pas de problème de charge ». résume Philippe Guyon.

Cinquième principe : penser l'équipe de telle sorte qu'il soit impossible à l'un de ses membres de se prendre pour un autre.
Imaginez que dans les Sept mercenaires de John Sturges, James Coburn se prenne pour Yul Brynner, Steve Mc Queen pour Hortz Bucholtz, Eli Wallach pour Robert Vaughn. L'enfer commencerait aussitôt.
Sixième principe : ne pas prétendre à la grandeur mais à l'efficacité.
Soit exactement le contraire de la leçon de pouvoir que le moraliste jésuite du XVII siècle Baltasar Gracian donne au futur prince *« Toi qui aspires à la grandeur, écoute ce conseil : que tous te connaissent mais que personne ne te comprenne ».*
L'entrepreneur, c'est l'inverse. Transparence totale avec ses salariés comme avec ses actionnaires, simplicité des rapports humains, anti-langue de bois. Pas de calcul mais le sens des opportunités, pas de méfiance mais de la vigilance, pas de mystère mais du rêve.
Septième principe : décider vite et trancher ferme.
Comme Jack Welch surnommé Neutron Jack, président de General Electric de 1981 à 2001, l'homme qui eut l'audace de répondre à la question du président de l'entreprise qui cherchait son successeur *« supposez que vous et moi périssions dans un accident d'avion qui, à votre avis, devrait me remplacer ? »* par un flamboyant *« c'est moi qu'il faudrait nommer parce que je me serais débrouillé pour vous sortir indemne de la carlingue ».*
Jack Welch imposait à chaque patron de département de son entreprise de licencier chaque année 10% de ses effectifs.
Le corps social est comme un poisson *« les 20 % de la tête, il faut tout faire pour les garder mais la queue il faut s'en séparer. Quelqu'un qui est mauvais et dont vous ne vous séparez pas, 5 ans après il est fichu ».* commente Philippe Guyon.
Huitième principe : retrouver de l'excitation.
« Aujourd'hui à chaque commande c'est comme un match de foot, la même tension, la même ferveur, le même plaisir ».
Neuvième principe : disponibilité extrême et guerre totale au temps mort.
Apprendre à jongler avec la qualité, les coûts et les délais. Savoir rendre le cercle vertueux de l'entreprise toujours plus vertueux : augmenter la qualité, diminuer les coûts et les délais.

Deux ans après la création de son entreprise, Philippe Guyon annonce à ses investisseurs que la société dégage 1 million d'euros de résultats.
Il est ému à en pleurer.
Il annonce aussitôt 5 millions pour l'année d'après.
Hilarité générale.
Et l'année dite, les résultats sont là.

Philippe Guyon a beau trouver que les principes du business sont bien plus simples aux Etats-Unis qu'en France, c'est de Nantes qu'il a réussi à créer le leader mondial des presses de formage pour l'aéronautique. Alors qu'il avait l'âge de partir à la retraite.

Carlos BEDRAN

Alyotech ou l'entrepreneur qui n'a jamais trahi sa passion pour la mécanique des fluides

Un jeune Libanais fuyant la guerre arrive en France à 18 ans, prépare Centrale, profite de ses études pour développer librement sa passion pour la mécanique des fluides. Il dirige aujourd'hui une des plus grandes entreprises présentes en France de conseil en technologies. 1400 personnes produisent sous la bannière Alyotech des missions d'expertise technologique ou des projets complets pour que les trains, les avions, les voitures, les téléphones, les ordinateurs soient chaque jour enrichis en intelligence humaine.

Son groupe a conçu pour un opérateur télécom, l'album photo des internautes mais aussi un modèle pour analyser le parcours d'un oiseau qui se fait happer par un réacteur d'avion au décollage. Il sait aussi simuler le comportement d'un capteur placé dans un satellite au moment où celui-ci rentre ou sort de l'atmosphère ou encore celui d'un container radioactif qui tomberait d'un camion en sortant d'une centrale nucléaire.

Les plus grands acteurs du conseil en technologies dans le monde sont français. Pour que le monde entier le sache, ils ont d'ailleurs créé une organisation dont le nom se prononce « *G7* » mais s'écrit GEICET, Groupement Européen de l'Ingénierie et du Conseil en Technologies. Une façon de rappeler avec humour et humilité que l'économie et la finance ne gouvernent pas seules le monde, une façon de défendre et d'illustrer l'importance de la culture technologique.

« *Notre métier c'est le brain* » annonce Carlos Bedran. Dans le conseil technologique, comme tous les métiers de conseil, le cerveau, plus exactement l'intelligence, est le premier outil de production, la source de toute la valeur ajoutée. Mais la matière grise, comme n'importe quel autre bien, s'achète, s'échange, se négocie. « *Le paradoxe de notre marché, c'est que nous vendons de la matière grise, souvent avec des logiques qui s'apparentent à celles de la grande distribution ».* Pourquoi ? Parce que, partout dans le monde, les clients, pour réduire leurs coûts, réduisent leur nombre de fournisseurs. L'intelligence technologique n'ayant aucune frontière, le fournisseur de matière grise est tenu d'être présent partout où son client l'est. Il faut donc nécessairement grandir ou grossir vite, bien plus encore que sur les autres marchés, l'effet de taille est vital sur le marché de l'intelligence.

Etre intelligent dans son coin ne sert à rien. C'est une des raisons qui a motivé en 2004 la fusion entre Brime Technologies et Assystem. 2500 cerveaux d'un côté, 4500 de l'autre. Hélas, les cerveaux ne sont pas tous compatibles.
Le business serait sans doute beaucoup plus simple si tous les cerveaux étaient compatibles, des entreprises géantes et hyper-intelligentes verraient le jour aussi naturellement que les champignons apparaissent à l'automne ou les jonquilles au printemps. Mais les cerveaux ont des atomes crochus, ils ne sont pas des machines lisses à produire des pensées justes, ils produisent aussi des affects qui souvent viennent enrayer la mécanique des calculs.
La fusion entre les deux grands acteurs du conseil en technologies avait beau être parfaitement justifiée et bien préparée par leurs états-majors respectifs, elle se passe difficilement. Prenant acte de la trop grande différence culturelle entre les deux parties de la nouvelle entreprise, et avec l'appui financier de la nouvelle équipe dirigeante d'Assystem, Carlos Bedran reprend sa liberté au bout de six mois.

Un seul être vous manque et tout est repeuplé disait Giraudoux pour parodier le larmoyant vers de Lamartine *« un seul être vous manque et tout est dépeuplé ».*
Carlos Bedran est du côté de Giraudoux, il va vite repeupler sa vie d'entrepreneur. Pendant un an, il tente de convaincre des financiers de co-investir avec lui beaucoup d'argent dans une coquille vide qui doit compter au moins 1000 personnes pour avoir une chance d'exister sur son marché. Effet de taille oblige. *« J'ai eu beaucoup de mal car ce que les financiers veulent, c'est des gens qui arrivent avec un dossier, voilà je veux acheter telle ou telle société, là ils commencent à étudier le dossier, ils disent oui ça nous plaît, non ça ne nous plaît pas ».*

Carlos Bedran rencontre une soixantaine de financiers dans plusieurs pays avant d'en trouver deux qui acceptent le principe. Mettre de l'argent dans une boîte vide. Aurel Nextstage et Galileo Partners disent banco. Banco pour 15 millions d'euros au global.

Début septembre 2005, Alyotech, nouvelle entreprise de conseil en technologies, voit le jour. La lettre A parce qu'il faut bien commencer, Yo parce que le fils de Carlos adore le mot fétiche des rappeurs, Tech pour ne pas se tromper de marché. Au début, il est seul, seul avec *« une demoiselle d'HEC pour m'aider dans le montage des acquisitions »*. En février 2006, Carlos commence à remplir la coquille vide, il rachète une société de 300 personnes dans le conseil informatique et électronique, puis quelques mois plus tard, ironie de l'histoire, il reprend la filiale canadienne de son ancienne entreprise Brime Technologies.

De petites structures en moyennes structures, de rachat en rachat, d'association en association car *« à chaque fois, je leur explique le rôle qu'ils vont jouer dans Alyotech, je leur explique qu'ils ne vont pas disparaître corps et biens comme ça se passe en général. Je veux avoir des associés, pas des dirigeants salariés »*, Carlos Bedran fait vite déborder la coquille. En juillet 2006, il fait entrer un troisième fonds d'investissement pour injecter 7 millions supplémentaires. D'anciennes filiales de Brime technologies, au Canada, en Hollande, à Toulouse rallient le projet, on croirait revivre le retour triomphal de l'Ile d'Elbe, la sombre perspective de Waterloo en moins. Le cercle vertueux tourne à plein régime, de nouveaux investisseurs permettent de lever de nouvelles troupes. Demain l'Afrique sera son nouveau territoire.

La France a des ingénieurs exceptionnels mais c'est un métier en perdition, *« 65 % des étudiants formés en France par les écoles d'ingénieurs ne vont pas vers la technique mais vers la banque ou la finance, tellement les prix et les salaires sont bas dans la technique»*.
Il y a une absurdité française de la culture technologique. Les filières d'excellence forment des ingénieurs qui ne pensent qu'à se détourner de leur vocation première. En outre, la surenchère à la productivité à laquelle les marchés technologiques sont soumis produit des effets terribles. Un client, par exemple, délocalise en Inde parce qu'on lui fac-

ture un ingénieur trois fois moins cher mais en fait, le projet global lui coûte bien souvent plus cher : il faut en effet parfois trois ingénieurs en Inde là où il en faut un seul en France. Sans compter la communication et le transfert de technologies qui génèrent de nombreux coûts supplémentaires.

A son échelle et au sein du Geicet, Alytotech se bat pour revaloriser la culture technologique souvent victime de telles aberrations idéologiques ou économiques. Rien de grand ne se fait sans passion. Carlos Bedran est resté fidèle à la sienne, la mécanique des fluides.
Elle lui donne sa force et sa lucidité.

Olivier de PUYMORIN

Arkadin ou le serial entrepreneur

En 2001, un Toulousain d'origine qui reconnaît «n'avoir rien foutu à l'école » fonde avec trois personnes Arkadin. En 6 ans, la start-up devient le quatrième opérateur mondial privé de téléconférences (audio-conférence et web-conférence), avec 25 bureaux à travers le monde dans les principales capitales dont Paris, Londres, New-York, Sydney, Hong-Kong, Singapour, Pékin, Tokyo.
Pourquoi ?
Parce que l'entrepreneur autodidacte a toujours eu la même obsession : trouver des idées pour mettre les gens en relation.
Il a commencé par les coursiers, puis les fax. Aujourd'hui, ce sont les conférences à distance. C'est un passeur, un médiateur, un messager, un évangélisateur.
Le jour où les hommes auront épuisé leurs stocks de messages disponibles, il inventera la façon d'échanger le silence.

L'entreprise aurait pu s'appeler Téléconférence.com.
Mais Olivier de Puymorin et ses associés ont préféré choisir un nom différent : Arkadin.
Comme Monsieur Arkadin, le film réalisé en 1955 par Orson Welles. Arkadin, c'est un nom qui en dit un peu plus long, plus que celui des deux géants du marché américain : Intercall et Première.
Comme dit son fondateur *« il y a plus d'imaginaire, donc ça fait plus rêver »*.

Olivier de Puymorin a pourtant peu de points communs avec le richissime marchand d'armes qui prétend être amnésique dans le film de Welles.
Il découvre la vie pendant son service militaire en Allemagne dans les Spahis.
Ses parents le pistonnent pour rentrer dans une banque avec une promesse d'une logique implacable pour un jeune homme sans formation qui vient de finir son service *« la banque, c'est bien, tu y rentreras à 19 ans et à 60 ans, tu auras une carrière magnifique »*.

La révolte était inscrite dans la promesse parentale. Le jeune homme s'enfuit, navigue à vue quelque temps puis revient dans la banque qui cette fois lui offre sa première chance en la personne d'un patron spécialiste de la gestion de patrimoine.

En 1976, son patron lui confie enfin une mission digne de ce nom : faire rentrer 300 000 francs.
L'apprenti banquier démarche, pousse des portes, décroche son téléphone. Petit à petit, la vie lui apprend à avoir confiance en lui.
En 1981, l'élection de Mitterrand sonne le glas de ses espérances bancaires. On lui explique que la banque est finie.
Peu importe.
L'apprenti banquier devient apprenti investisseur.
Il emprunte 20 000 francs pour acheter 20% du capital d'une société de coursiers. Très vite, il découvre que la société a un trou de 1 million de francs. Pendant que son associé s'effondre en pleurs, lui, convoque ses beaux-parents en prenant la vérité par les cornes *« maintenant il faut qu'on retrouve du fric, mes parents n'en n'ont pas, les tiens non plus, donc je vais aller expliquer à tes beaux-parents qu'il faut qu'ils nous en prêtent ».*
Les beaux-parents de son associé lui prêtent 400 000 francs et deux ans plus tard, la petite société de coursiers est passée de 1 à 6 millions de francs de chiffre d'affaires.
La vie une fois de plus vient de renforcer la confiance qu'Olivier de Puymorin a en lui. *« Je me suis dit, tu n'es pas trop mauvais dans la façon de gérer les gens et de gagner de l'argent ».* Les entreprises, ce ne sont pas ceux qui les font qui en parlent le plus ou le mieux. Mais quand ils en parlent, les propos sont toujours extrêmement simples, directs, parfois même brutaux.
En 1983, après avoir remboursé les beaux-parents de son premier associé, il remonte une autre société de coursiers.
Plus innovante cette fois.
Il imagine des enveloppes en polyéthylène avec le numéro du client dessus. La course est ainsi moins aléatoire, le pli est sécurisé, les conditions de travail du coursier améliorées. Finis les coursiers qui arrivent les mains noires et mouillées.
Pour vendre les enveloppes, il crée une autre société PSE, Plastic Sac

Equipement. Réalisant assez vite que la valeur ajoutée du métier de coursier est faible et surtout que ce qu'il appelle la *« technologie humaine »* n'existe pas, il revend sa société de coursiers et décide d'acheter un fax.
Qu'est ce que la technologie humaine ?
Quand un homme est vraiment convaincu par un projet, il est capable de le vendre à la terre entière.
La technologie humaine pour Olivier de Puymorin, c'est le cercle vertueux de la réussite: un projet intelligent est d'abord un projet auquel on croit profondément car seule cette croyance donne la force de trouver des clients, d'ouvrir des marchés. Ce n'est pas parce qu'on est intelligent qu'on y croit, c'est parce qu'on y croit qu'on devient intelligent.

Et c'est ainsi que le serial entrepreneur poursuit son idée fixe : trouver des idées pour mettre en relation les gens. Il invente le couple coursier-fax et devient l'Interflora de la télécopie.
En 1984, il achète donc un fax, crée Eurofax en expliquant à ses clients que sa nouvelle idée de messagerie rapide est plus efficace et économique que DHL ou Fedex encore peu connus en France.
« Vous mettez le document dans mon fax, il ressort trois minutes plus tard à New-York et moi j'ai un coursier là-bas qui va prendre le document dans la machine et le déposer chez votre destinataire ».
Olivier de Puymorin est un serial entrepreneur, pas un commercial en série.
Strictement impossible pour lui de se contenter de vendre des fax Sagem. Ses fax, il va les acheter en Belgique, les démonte la nuit, les remonte le matin à Paris pour aller les livrer et les installer chez ses clients.
Mais à partir de 1990, les prix des fax baissent, les produits se banalisent. Il faut trouver une nouvelle idée de service.
En 1992, il découvre Xpedite, une société américaine qui a développé un logiciel permettant d'envoyer simultanément le même document à plusieurs milliers de personnes différentes. Le Toulousain autodidacte trouve les références de Roy, le patron d'Xpedite, dans les Yellow Pages. Hello Roy, bonjour Olivier, la rencontre a lieu dans le New-Jersey. Olivier repart avec une licence pour exploiter la technologie de Roy. C'est reparti pour un tour.

De retour en France, Olivier ouvre des portes, tire des sonnettes, raconte à ses clients qu'ils pourront désormais envoyer plusieurs milliers de fax d'un coup.

Une nouvelle porte s'ouvre, celle d'Apax Partners que Roy, un an après avoir négocié sa licence technologique avec Olivier, avait fait rentrer dans le capital de sa société.

Olivier va donc rencontrer en 1993, Eddie, l'homme d'Apax France. Sa société ne fait qu'un petit million de francs de chiffre d'affaires.

Olivier croise pour la première fois le monde de ceux qui ont fait des grandes écoles. *« Comme je n'étais prêt ni pour partir à la pêche ni pour aller planter des choux, on est allé planter les choux ensemble »* résume Olivier. L'investisseur a la conscience de son côté, l'entrepreneur l'instinct, ensemble, ils vont faire un malheur.

Olivier apprend à projeter son business sur quelques années, à maîtriser sa compulsion entrepreneuriale. En 1999, Xpedite France atteindra 100 millions de francs de chiffre d'affaires et sera revendue à Xpedite USA elle même rachetée par Première, un des grands acteurs de la téléconférence aux Etats-Unis.

On propose à Olivier un contrat de consultant mais comme l'homme n'a pas encore décidé de renoncer au monde pour relire Sainte Thérèse d'Avila, il choisit de développer le marché de la téléconférence en France. Au début avec les Américains, et très vite à sa manière. *« Les Américains pensent que les Français doivent faire comme eux, donc ça ne marche pas ».* Lapidaire, lapidaire et salutaire.

En 2001, Olivier débauche deux personnes de chez Xpedite pour fonder Arkadin.

30 m^2 Gare du Nord, c'est reparti pour un nouveau tour.

Il faut tout faire à la fois, acheter une nouvelle technologie à une société irlandaise, trouver des clients, trouver des sous.

Le serial entrepreneur prend sa mobylette, va voir ses copains, lève 1,5 million d'euros par tranche de 50 000 euros.

La première année Arkadin attaque le marché anglais et espagnol sur un modèle de développement original. *« Les gens qui rentrent chez nous, ils font un chèque, ils ouvrent leur pays, on les accompagne, ils le développent, ce sont des Espagnols en Espagne, des Anglais en Angleterre ».*

Eddie n'a pas oublié Olivier.

En 2004, il décide de réinvestir dans Arkadin.
Aujourd'hui, plus d'1 million de personnes utilisent chaque mois ses services dans 17 pays et la société Arkadin organise plus de 250 000 conférences par mois.

Contrairement à Monsieur Arkadin, le fondateur d'Arkadin aime les gens. « *Pour être entrepreneur, il faut aimer les gens, si vous n'aimez pas les gens, ça ne peut pas marcher, il faut les aimer et les aider à se révéler* ». Au fond, le serial entrepreneur est d'abord une force de caractère, l'incarnation de l'instinct vital et de la générosité.
Il réussit, ce qui était pour Montaigne, la plus difficile des tâches, celle d'être totalement à soi sans penser d'abord ou uniquement à soi.

Gilles BENHAMOU

Asteel ou l'intelligence industrielle contre le dogme de la délocalisation

Profitant de l'externalisation initiée par des grands groupes électroniques comme IBM dans les années 90, un sous-traitant qui fabrique des cartes électroniques devient le plus gros équipementier électronique français sur un marché dominé par les Américains et les Chinois.
Un entrepreneur qui a toujours cru qu'il fallait séparer le capital et le travail réinvente le cercle vertueux de l'industrie française : produire localement, moins cher et plus intelligemment, en assemblant des produits et de l'ingénierie électronique pour des clients mondiaux. Intelligence coordinatrice d'un homme qui a refusé la convention des marchés.
Rien n'est jamais joué.

Il suffit parfois de faire un pas de côté pour qu'une grande idée naisse.
« Je me suis dit, l'automobile, j'en ai assez, donc on va faire la même chose à côté ».
En 1999, Gilles Benhamou crée Asteel en faisant un pas de côté.
Il imagine un groupe qui apporte une offre complète intégrée à toutes les demandes de production des fabricants électroniques, du bureau d'études au produit fini.
A la manière dont l'industrie automobile s'est restructurée en créant le marché des équipementiers. L'entreprise n'est pas un groupe mais une fédération de spécialistes de l'électronique. Antennes automobiles, cartes électroniques, écrans tactiles, télécommandes pour système d'alarme, thermostats... Asteel, c'est la quintessence de l'esprit offensif d'une PME au service des grandes entreprises de l'automobile, des télécoms, de l'électroménager, de la hi-fi.

Si Gilles Benhamou a constitué son groupe brique après brique, ce n'est pas pour construire un nouveau mur mais pour rompre avec l'idéologie industrielle dominante et prouver que rien n'oblige à délocaliser toute sa production en Chine.

En 1986, le jeune polytechnicien qui a commencé sa vie professionnelle au Ministère de l'Industrie, rentre chez Facon, sous-traitant plastique et électronique pour l'automobile.
Avec l'aide d'investisseurs, il rachète la société au bord du dépôt de bilan à la famille et en 10 ans, crée un groupe dont le chiffre d'affaires atteint 100 millions de francs.
L'entreprise est rentable mais trop petite sur le marché automobile. Il vend ses parts et, en 1999, rachète Serixel, deux usines à Redon et Epinal et un bureau d'études avec 15 ingénieurs à Grenoble. Puis en 2000, l'activité cartes électroniques de Siemens à Montluçon et une société de pièces plasturgiques à Besançon. En 2002, une entreprise à Soissons et une à Douarnenez. Puis deux autres à Saumur et à Déville-lès-Rouen. Redon, Epinal, Alençon, Grenoble, Montluçon, Besançon, Soissons, Saumur, Douarnenez, une nouvelle ligue de champions est née pour proposer des alternatives industrielles à la délocalisation.
« C'est ou nous ou la Chine ».
Cela sera donc nous.
Mais à condition de savoir intégrer tous les spécialistes de l'électronique et de produire à prix compétitifs en jouant entre la France, l'Europe et la Tunisie.
Avec une performance supplémentaire : ne pas licencier et maîtriser la production de ses clients.

L'esprit d'entreprise n'est ni dans les gênes ni dans l'éducation.
Il dépend de la manière dont vous utilisez votre intelligence, de sa programmation beaucoup plus que de sa constitution, question de posture plus que de structure. Il y a ceux qui appliquent leur intelligence à analyser les risques et anticiper les problèmes. Et ceux qui se servent de leur intelligence pour ouvrir des brèches et imaginer des solutions nouvelles. Intelligence d'attaque et intelligence de défense, la première cherche la lumière, la seconde calcule la longueur des ombres.
« Le problème en France, c'est qu'on a des dirigeants qui ne font que des calculs pour dire que cela coûte moins cher ailleurs ».
Le patron d'Asteel ne sacrifiera jamais au nouveau dogme du monde industriel : non, fabriquer en Chine ne coûte pas forcément moins cher.
Les qualités de l'entrepreneur pour Gilles Benhamou ? *« Abnégation, travail, synthèse. Savoir écouter et ne pas avoir que ses idées propres ».*

A ce jeu là, les deux patrons français qui l'impressionnent le plus sont Louis Gallois et Patrick Kron.
Les qualités du bon actionnaire ?
« Ne pas penser à ses sous pour gagner. Un projet se gagne sur le projet lui-même et sur les hommes ».

Asteel, c'est l'esprit de résistance à l'orthodoxie industrielle qui confond trop souvent la nécessité de la mondialisation avec la fatalité de la délocalisation. C'est du saint-simonisme appliqué à l'électronique.
Il faut produire plus que gouverner pensait l'auteur du Système industriel. Et pour bien gouverner, il faut laisser les savants et les chefs d'entreprise imaginer un système socialement harmonieux et économiquement efficace.
« L'art de gouverner est réduit à donner aux frelons la plus forte proportion de miel prélevé sur les abeilles » écrivait Saint-Simon pour qualifier l'Ancien Régime.
L'ambition de Gilles Benhamou est de créer un Nouveau Régime industriel : il a déjà réussi en France. Il veut maintenant exporter son modèle en Allemagne, en Espagne et en Italie.
Sans doute sa façon très personnelle d'interpréter le stratagème chinois présenté dans les 36 Stratagèmes :
« Traverser la mer à l'insu du Ciel ».
Trois secrets pour traverser la mer à l'insu du ciel : ne jamais céder aux dogmatismes de son métier ou de son marché, trouver des investisseurs qui prennent des risques et expliquer son combat dans les media, dans les organisations syndicales, dans les ministères et surtout dans les usines.

Bruno COULY

Auto Escape ou le très beckettien Jack Bauer du LBO

Ses concurrents américains sont vingt fois plus gros que lui et ont presque 50 ans d'antériorité sur le marché. Peu importe, c'est lui qui a développé le métier en France. Il donne au courtier en location de voitures de Pertuis dans le Vaucluse une dimension européenne et en 2007 introduit l'entreprise en Bourse sur Alternext. On l'a surnommé le Jack Bauer du LBO. Son vrai nom, c'est Bruno Couly.

Le métier n'existait pas en France. Roland Coupat l'a créé en 1999 à partir de rien. Ou plus exactement, à partir seulement de son expérience américaine. Bruno Couly va le développer. Il est courtier en location de voitures. Environ 100 000 voitures par an dont les meilleurs prix sont négociés avec toutes les grandes marques de loueurs, Avis, Hertz, Europcar… « *Nous ne sommes pas un pur player Internet mais un acteur du tourisme militant* ». Service client total donc, avant la location, pendant et après. Le voyage en Amérique est un classique de la création française : quand on s'appelle Tocqueville, il produit De la démocratie en Amérique, quand on s'appelle Bernard-Henri Lévy, il donne American Vertigo et quand on s'appelle Monsieur l'entrepreneur en herbe, il inspire bien souvent l'idée originale pour ouvrir un nouveau marché ou au moins la méthode pour révolutionner un marché conventionnel. Ainsi Roland Coupat. Le Français installé pendant 15 ans en Californie, revend son tour-opérateur spécialisé dans les voyages et les séjours en Californie et s'installe en Provence à Pertuis.

Ayant pratiqué les services de Autoeurope, un des grands courtiers américains en location de voitures, il décide d'en appliquer le concept et les méthodes au marché français. « *En France, il ne suffit pas d'être bon pour réussir, il faut être excellent alors qu'aux Etats-Unis, on peut réussir en étant moyen* » constate, en lui rendant hommage, Bruno Couly, l'homme qui rachète en 2005 à Roland Coupat, qui s'était toujours juré d'arrêter de travailler à 45 ans, la petite entreprise de 9 millions d'euros de chiffre d'affaires. On ne sait pas toujours quel train on prend, l'essentiel est que le train parte à l'heure. Bruno Couly cherchait une entreprise à racheter depuis deux ans. En vain. Le hasard d'une location de camping-car pour des vacances d'été le conduit vers Auto Escape. Roland Coupat lui explique que sa société ne loue pas de camping-car mais qu'elle cherche un repreneur. Le dernier fils d'une famille nombreuse de Villefranche-sur-Saône, très nombreuse, 9 enfants, devient ce jour-là le premier courtier en location de voitures de sa famille. « *J'ai toujours voulu être à mon compte* », avoue Bruno Couly avec l'humilité teintée de fierté qui signale les caractères libres.

Rien ne le prédisposait à devenir un grand courtier en location de voitures. Ni ses études, une licence en sciences et techniques des activités physiques et sportives à Marseille et un DUT en informatique. Ni ses années Mitterrand, la création en 1982 à Villefranche-sur-Saône d'une radio libre financée par un petit prêt du Crédit Agricole et installée dans le château d'un domaine viticole du Beaujolais. Ni ses premières rencontres, le fondateur du magazine Challenge qui lui inspire Challenge FM, le nom de sa deuxième radio libre financée par la publicité du Géant Casino du coin. Ni ses premiers succès dans le business, le développement à partir de la base de Villefranche d'un groupe national d'exploitation de radios locales privées qu'il revendra au groupe Europe 1 en 1995. Les deux premiers indices qui pourraient permettre de voir déjà en gestation le futur projet Auto Escape sont la création d'un courtier en unité téléphonique fondé sous le nom d'Optone en 1996 puis celle de Qualiope, une société de mesure de la qualité des services des opérateurs télécoms développée dans 6 pays européens. Avec le développement fulgurant de Qualiope, Bruno Couly apprend à lever des fonds. De Villefranche-sur-Saône, il se retrouve à Palo Alto, en Californie. « *Nous sommes passés à la moulinette pendant une semaine par des dizaines de consultants, en face de nous en visioconférence de la Silicon Valley, on a l'un des créateurs d'Apple. Il faut garder la tête sur les épaules car on devient le projet dont le monde s'entiche* ».

Mais en 2001, la bulle Internet explose, les premiers opérateurs clients de Qualiope laissent leurs premières ardoises, les investisseurs lâchent. Bruno Couly reconnaît une défaillance de sa part « *je n'ai pas compris que pour mener à bien un projet de cette ambition, il fallait mener de*

front la présidence d'un projet entrepreneurial et celle d'un projet financier, je me suis enfermé dans le seul projet de l'entreprise ». 2002, année d'abattement et de découragement.
Try again, fail again, fail better. Ce sont des mots de Beckett, essaie encore une fois, échoue à nouveau, échoue mieux. Ils s'appliquent parfaitement à la vie du business. Chaque échec, pourvu qu'il soit plus réussi que le précédent, donne envie de rejouer l'aventure, de tenter à nouveau sa chance. Chaque échec est la promesse d'une réussite à venir, la vie comme la création d'entreprise n'est pas un processus de démolition programmée mais de sédimentation plus ou moins rapide et plus ou moins aléatoire. Echaudé par l'échec de Qualiope, Bruno Couly décide de vendre du conseil en stratégie et en développement aux patrons de PME. Tout en restant fidèle au serment qu'il s'est fait quand il était jeune *« un jour tu seras à ton compte ».*

Apprenant que le fondateur d'Auto Escape, lui aussi fidèle à son serment d'arrêter de travailler à 45 ans, cherche à revendre son entreprise, il décide de préparer un LBO. *« Je consulte l'annuaire Internet de l'Afic, je m'arrête sur Finadvance qui de mains en mains finit par passer le relais à Vivéris Management et OFI Private Equity ».* Les 14 premières banques pressenties pour accompagner l'opération, qui ne connaissent pas le métier de courtage en location de véhicules, ne suivent pas. Mais la raison de l'entrepreneur a raison du doute des banquiers et quatre d'entre eux acceptent de *« saucissonner la dette tout en prenant bien soin de me demander ma caution personnelle ».*

Pendant six mois, Bruno Couly, obsédé par l'idée de ne pas déstabiliser les salariés d'Auto Escape avec son image d'entrepreneur ambitieux multi-cartes à la solde des financiers, gagne la confiance de ses collaborateurs, apprend en accéléré un métier inconnu. Et implante l'entreprise en Espagne, en Italie, au Royaume Uni, en Allemagne, au Pays Bas, en Irlande, ouvre le marché au camping-car, autrement dit et comme il le dit lui-même fait son nouveau métier de courtier *« en doutant tous les jours, car c'est la première qualité d'un entrepreneur ».*
Le dernier fils de la famille nombreuse de Villefranche-sur-Saône a réussi.
On l'a surnommé le Jack Bauer du LBO.
Mais lui sait que réussir ne se fait pas en 24 heures.

Jean-Pierre DUMOLARD

Cirpack ou l'imagination technologique au pouvoir

Un ancien manager de Matra Communication démissionne après le rachat de l'entreprise par Nortel. Il s'associe à un ingénieur et fonde Cirpack en 1999. Les deux hommes inventent un commutateur nouvelle génération, beaucoup plus petit et beaucoup moins cher pour fournir les opérateurs alternatifs de télécommunications qui n'ont pas les moyens financiers de France Télécom. Après avoir failli déposer le bilan trois fois en 2002, au moment de l'explosion de la bulle Internet, l'entreprise est devenue un des leaders européens de voix sur IP et ses associés l'ont vendue à Thomson en 2005.

La voix sur protocole Internet, dite voix sur IP, est une technique qui consiste à numériser la voix puis à la faire transiter par le réseau IP de l'entreprise. Au lieu d'avoir à la fois un réseau informatique et un réseau téléphonique, l'entreprise peut donc, grâce à la voix sur IP, tout fusionner sur un même réseau.

Cirpack est une entreprise qui s'est créée par sédimentation, une sédimentation rapide mais une sédimentation. Elle est devenue un des leaders européen de la voix sur IP sans avoir commencé avec ce marché.

L'aventure de Jean-Pierre Dumolard et Frédéric Potter est rendue possible par trois ruptures. Une rupture de marché, une rupture technologique, une rupture commerciale.
Première rupture : l'ouverture en 1998 du marché des opérateurs de télécommunications. Les opérateurs alternatifs à l'opérateur historique n'ont ni les moyens financiers ni l'usage des commutateurs de leur concurrent. Il faut donc concevoir de nouvelles machines pour eux. Des commutateurs plus performants et plus économiques qui vont permettre aux opérateurs alternatifs de s'affranchir de la technologie très onéreuse de France Télécom.

La deuxième rupture est technologique : « *Pendant deux ans, on a développé un software qui allait nous permettre de concevoir un commutateur pour 250 000 abonnés si petit qu'il rentre sous une table* » explique Jean-Pierre Dumolard.
Troisième rupture : le développement du marché des box qui permettent d'accéder avec un seul et même boîtier à la télévision, au téléphone et à Internet, avec notamment, à l'automne 2003 le premier lancement de la Freebox. C'est cette troisième rupture qui ouvre à l'entreprise le marché de la voix sur IP. Cirpack profite donc à la fois de l'ouverture d'un nouveau marché par Free et de l'avance française en matière de haut débit. « *Si vous voulez que tout rentre dans le forfait ADSL à 29,90 euros par mois, il faut que vous ayez des machines pas trop chères. Les machines classiques coûtent en moyenne 150 euros à l'opérateur par abonné. Les nôtres sont entre 10 et 15 euros par abonné* ». L'effet de la rupture technologique est décuplé par le prix particulièrement attractif. On oublie un peu vite que les Canadiens paient leur abonnement à la triple play 70 euros par mois. « *C'est l'éternelle histoire de la poule et de l'œuf. On a réussi parce qu'on avait de bons prix et on a pu le faire parce que les nouveaux opérateurs alternatifs nous en achetaient beaucoup*». Pendant les deux premières années, l'entreprise vit sans client. Tous les efforts sont consacrés à la conception du commutateur nouvelle génération.

Si Cirpack n'a pas été victime de la grande épuration du marché des start-up de la nouvelle économie à partir de 2001, c'est à la solidité de sa culture télécommunication et à un trio d'investisseurs autour d'Iris Capital qu'elle le doit. Car les banquiers n'ont jamais avancé un centime. Mais là où les banquiers traditionnels trépassent, les investisseurs du Private Equity passent.
« *En 2001, vous alliez voir un banquier, vous lui disiez télécoms et vous étiez sortis des bureaux avec un coup de pied aux fesses* ». En avril 2002, alors que Jean-Pierre Dumolard était sur le point de déposer le bilan, Outremer Télécom fut enfin le premier opérateur à passer commande.

L'homme qui a démissionné de chez Nortel parce qu'il passait plus de temps à gérer ses chefs qu'à s'occuper de ses collaborateurs n'a jamais mis la charrue avant les bœufs. A la tête de Cirpack, il a pensé technique avant de penser marketing *« d'abord on a fait le produit, après on a essayé de le vendre ».* Aujourd'hui il, le vend à une centaine d'opérateurs dans 30 pays. La start-up est allée loin et vite. En 2005, Jean-Pierre Dumolard vend Cirpack à Thomson *« parce qu'il faut faire partie d'un grand groupe pour être capable de vendre à des SFR ou des France Télécom et se développer à l'international ».*

« Pas besoin d'aller de l'autre côté de l'Atlantique pour trouver des gens compétents, ils sont là, en France, surtout dans les télécoms » témoigne l'homme qui n'a qu'un conseil à donner aux jeunes entrepreneurs français: vieillir ou s'associer avec des hommes ou des femmes plus mûrs qu'eux.

L'imagination technologique, loin des impostures et du bluff dénoncés par Jacques Ellul, est sans doute la façon la plus belle et la moins violente de prendre le pouvoir sur les marchés. Elle donne raison à la culture 68 dont l'un des slogans fétiches fut *« Cours camarde, cours, le vieux monde est derrière toi ».*

Philippe LABBÉ

Courtepaille ou l'homme qui ne se prenait pas pour un entrepreneur

Un diplômé de l'ESSEC, fils d'enseignante et d'assureur, entre comme contrôleur financier chez Mc Donald's en 1986 à l'époque où le géant américain n'a encore que 25 restaurants en France. Après 18 ans de carrière chez Mc Do, Philippe Labbé quitte le roi du hamburger pour le spécialiste historique de la grillade.
A la tête de Courtepaille depuis 2004, il continue à moderniser le concept, dynamise la carte, déploie en interne le « e-learning », obtient une croissance significative de la fréquentation de ses établissements. « Au bout de cinq à six semaines, les vivres vinrent, vinrent à manquer, on tira à la courte paille pour savoir qui, qui, qui serait mangé ! ».
En tirant la courte paille, Philippe Labbé a permis, contrairement à l'horrible prédiction de la comptine enfantine, à une grande marque populaire de pas être mangée par ses concurrents.
Ou pire encore, de disparaître de la mémoire collective.

En 1961, Jean Loisier, fils de restaurateurs du Morvan invente un nouveau concept de restauration.
Une déviation de la route nationale 6 prive de sa clientèle le restaurant familial situé dans le village. Cela lui donne l'idée d'ouvrir un nouvel établissement au bord de la toute récente déviation.
De retour d'un voyage aux Etats-Unis, impressionné par le modèle du steack-house et par les chaînes de restaurants, il décide de franciser le concept. Il conçoit et normalise l'architecture, le décor intérieur, la carte. C'est l'embryon d'une chaîne de restaurants qui vont s'implanter dans un premier temps le long de la nationale 6.
Si Courtepaille s'appelle Courtepaille, c'est avant tout par référence aux dépendances recouvertes de chaume des maisons bourguignonnes. Le néo-restaurateur du Morvan ouvre en moyenne un nouvel établissement tous les ans pendant les douze premières années.
Jean Loisier et sa femme supervisent leurs équipes, la carte, les prix,

l'architecture, le décor, le service, la gestion. Ce système efficace de contrôle reste viable tant que le développement de son entreprise permet au couple de tout voir et tout savoir dans le détail sur chaque restaurant, En 1974, le fondateur cède 100% de son affaire à Novotel, marque du futur groupe Accor dont Courtepaille devient ainsi une division. Les patrons de division d'un groupe international succèdent au fils de restaurateur provincial.
Gilles Pélisson, neveu de Gérard, mais aussi Michel Morin et André Motte… jusqu'à Philippe Labbé.

Dans les années 1980, Buffalo Grill inaugure une formule similaire.
Christian Picard, le concepteur de Buffalo Grill, adossé au début de son aventure au groupe pétrolier Total avant d'introduire sa société en Bourse, se révèle un concurrent très agressif, plus innovant et plus créatif.
Pendant ce temps chez Courtepaille, les managers de division succèdent aux managers de division, l'entreprise laisse la force de son concept initial s'éroder doucement. Les cadres prennent le pouvoir sur les entrepreneurs et les créateurs. Il faudra attendre la fin des années 90 pour que des hommes se lèvent et réagissent en s'attaquant à la modernisation de la formule déjà presque quadragénaire. Malgré les effets de revitalisation de la marque, Jean-Marc Espalioux, président du directoire d'Accor, décide en 2000 de céder Courtepaille. C'est alors que le manager de l'époque, André Motte et ses principaux cadres rencontrent le dirigeant de Barclays Private Equity France, Gonzague de Blignières, qui les aide à monter rapidement une opération de LBO.

En 2004, Philippe Labbé, directeur général depuis 1996 de Mc Do, leader de la restauration rapide, reprend les rênes de Courtepaille suite au départ en retraite d' André Motte.
Un an plus tard, une opération de LBO secondaire est montée avec l'aide d'un nouvel actionnaire majoritaire, Parcom Private Equity et de par sa volonté, 150 cadres et directeurs d'exploitation deviennent une nouvelle fois actionnaires de Courtepaille.
« Je ne me considère pas comme un entrepreneur. J'ai simplement eu la chance de bénéficier d'un concept et d'une marque qui existaient depuis 40 ans. Un entrepreneur, à mes yeux, c'est quelqu'un qui part

d'une feuille blanche et qui crée un nouveau concept, un nouveau produit, un nouveau service ».
Il résume très modestement son rôle dans le développement de Courtepaille.
Ne jamais trahir les fondamentaux de la marque, suivre attentivement les mutations de la société française, comprendre les nouvelles attentes des clients, évoluer sans créer de rupture.
Pour celui qui ne se prend pas pour un entrepreneur, la restauration commerciale et l'industrie automobile présentent des similitudes.
Dans les deux cas, il s'agit de trouver l'adéquation parfaite entre le prix, la qualité du produit, mais aussi le style, le design.
Dans les deux cas, on doit garder les fondamentaux de la marque, mais être capable de faire évoluer les modèles comme les menus, de renouveler les options sans effrayer la base de sa clientèle.
La perception prix est influencée par les codes de décor, d'ambiance que vous créez dans votre établissement. Mais contrairement à l'industrie automobile, la restauration commerciale de chaîne est confrontée à deux difficultés structurelles: d'une part gérer un parc hétérogène de restaurants dont certains ont 40 ans d'âge et d'autres 2 seulement, et d'autre part former en permanence un personnel généralement insuffisamment préparé aux métiers de services.
Voilà pourquoi Courtepaille s'est dotée en 2004 d'une Ecole de formation au service et à la restauration, dirigée par un Bourguignon qui a 37 ans de maison, et qui accueille 1300 jeunes par an.
« On devient entrepreneur en marchant ».

Un entrepreneur, c'est aussi quelqu'un de suffisamment humble pour *« se glisser dans une équipe et lui apporter de nouvelles compétences ».* En l'occurrence pour Courtepaille, le marketing
Pour développer son entreprise, il a toujours cultivé l'écoute, l'écoute du marché, des clients, de ses équipes.
Sa méthode lui permet aujourd'hui d'aborder de nouveaux marchés tels que les centres commerciaux.
A force de ne pas se prendre pour un entrepreneur, Philippe Labbé en est devenu un vrai.

Waldemar KITA

Cornéal ou la passion incarnée

Un adolescent arrive dans un pays étranger sans parler un mot de sa langue. Trente ans plus tard, il est à la tête d'un leader mondial de la chirurgie ophtalmologique et de la dermatologie esthétique.
Les années 1970 sont loin : le camarade a couru plus vite que les autres pour laisser le vieux monde derrière lui.

Un jeune Polonais arrive en France à 15 ans, le russe est la seule langue étrangère qu'il maîtrise. Sa mère l'inscrit au lycée dans la région parisienne, au moment où dans son pays les ouvriers de Gdansk se soulèvent pour la première fois contre le régime de Gomulka.
Waldemar se retrouve seul dans un pays qu'il ne connaît pas et où personne ne le connaît. Sans argent, sans soutien moral excepté celui de sa mère.
Il aurait pu en rester là, c'est-à-dire nulle part.
Il aurait même pu se laisser détruire par la vie. Le début de sa vie fait penser à la fin de Zone d' Apollinaire :

« Et tu bois cet alcool brûlant comme ta vie
Ta vie que tu bois comme une eau-de-vie
Tu marches vers Auteuil, tu veux aller chez toi à pied
Dormir parmi tes fétiches d'Océanie et de Guinée
Ils sont des Christ d'une autre forme et d'une autre croyance
Ce sont les Christ inférieurs des obscures espérances
Adieu Adieu
Soleil cou coupé »

Mais le jeune Kita n'a pas décidé de couper le cou à l'espérance.
Sa force vitale le pousse en avant, la volonté de s'en sortir le guide.
Il travaille, étudie, apprend. Le français, les maths, la physique, l'optique.
En 1975, il obtient son diplôme d'opticien optométriste.
Il sera donc opticien optométriste.
Un spécialiste de l'amétropie, c'est-à-dire des défauts dans la constitution de l'oeil qui font que nous sommes hypermétropes, astigmates

ou myopes. Le monde se divise en effet entre les amétropes et les emmétropes, ceux dont la cornée a une forme normale, parfaitement proportionnée et ceux qui ont des cornées aux formes plus irrégulières ou plus fantaisistes. Les amétropes feront la gloire de Waldemar.
A 25 ans, il ne le sait pas encore. Simplement une chance lui est offerte : travailler tout de suite après son diplôme dans un laboratoire qui fabrique les premières lentilles intraoculaires, innovation technologique majeure sur un marché qui ne produisait alors que des lentilles de contact qui ne se mettaient pas dans l'œil mais sur l'œil.

Quand on confronte sa formation initiale aux réalités de la production et de l'industrie, on en sort toujours grandi. Quand, en plus, on profite de ce premier choc avec le réel pour parfaire sa formation théorique, on devient plus fort.
C'est la voie que choisit Waldemar Kita.
Il se passionne pour la micro-chirurgie de l'œil à une époque où beaucoup d'opticiens n'ont que des connaissances vagues de l'anatomie de l'œil. Passion gagnante.
Elle lui fait prendre un temps d'avance sur son marché.
Tout est là : toujours avoir un temps d'avance sur son marché. Sur tous les marchés, la guerre des prévisions et des visions anticipatrices fait rage, la surenchère aux opportunités et aux calculs est monnaie courante.
On sous-estime trop la force prédictive de la passion.
Peut-être est-ce parce que la passion ne calcule rien qu'elle prévoit tout.
Sa passion pour la chirurgie oculaire, Waldemar Kita va l'exercer à la Fondation Rothschild ou à l'hôpital des Quinze-Vingt, fondé en 1254 par Saint-Louis pour accueillir les aveugles.
Une passion, cela s'exerce ou cela s'incarne.
Les deux voies ont leur grandeur : celui qui exerce sa passion reste souvent à l'abri d'une institution, d'une autorité qui le légitime ; celui qui préfère incarner sa passion choisit plutôt le grand large, l'aventure de l'entreprise.
En 1985, W. Kita décide d'incarner sa passion.
Il crée une filiale de Revlon. Mais l'entreprise a ses raisons que l'entrepreneur ne connaît pas toujours. Revlon décide de vendre sa filiale. Moment critique : faut-il devenir manager en faisant carrière chez Revlon

et en pactisant avec le nouveau propriétaire ? Faut-il rompre pour fonder une nouvelle entreprise avec pour seule mise de départ l'expertise, la passion et l'énergie?

Le loup ou le chien dirait Jean de La Fontaine.

La Navy ou les pirates dirait Steve Jobs.

Kita a tout dans les mains, rien dans les poches.

Il rompt avec la multinationale américaine. Il crée Cornéal. Son entreprise, sa passion, sa vie. Avec une mission d'origine : produire des lentilles intraoculaires de très grande qualité parfaitement adaptées aux attentes des micro-chirurgiens de l'œil et de tous les défaillants de la cornée.

On lui prédit le pire, il réussira le meilleur.

Un ponte de l'ophtalmologie programme la disparition de son entreprise en moins de six mois.

Aujourd'hui, Cornéal est un concurrent respecté et redouté par Bausch & Lomb, Alcon, Amo Allergan.

En 1987, les banquiers ont beau le connaître, ils ne le suivent pas. Depuis qu'il a revendu, début 2007, sa société 180 millions d'euros à Allergan, le groupe pharmaceutique leader mondial des produits d'esthétique médicale, tous les banquiers l'appellent.

Il commence donc petit. Minuscule même. Une SARL au capital de 50 000 francs, un bureau de 6m² avec sa femme expert-comptable, deux enfants, un de 5 ans et un de 8 mois.

L'homme arpente la France en voiture, prépare la fabrication de ses produits, s'efforce d'encaisser l'argent. S'efforce car il faut braver les absurdités d'une trésorerie qui impose de payer à 30 jours sans être payé à 30 jours.

Cette lutte quotidienne contre les problèmes ubuesques de trésorerie lui fait choisir le capital-risque pour accélérer son développement. L'histoire ne se fait jamais toute seule. Pour avancer, elle a besoin des rêves des hommes, de leurs obsessions, de leurs révoltes. Ou tout simplement aussi de leurs fatigues.

Sans doute épuisé de sillonner la France des cliniques et des hôpitaux, W. Kita crée sa première unité de production à Annecy en 1990.

Produire est la clé de l'autonomie.

C'est aussi un piège en puissance quand le producteur ne sait pas diversifier sa production.

La lentille est un produit central, car elle devient indispensable après la chirurgie de la cataracte. Mais le centre peut tuer l'entreprise s'il reste son unique point de fixation.
Toute passion fixe devient morbide. Dans l'amour comme dans le business. W. Kita a une conscience farouche du développement. Il comprend très vite que pour ouvrir le marché et donc faire croître son entreprise, il doit produire tous les instruments périphériques qui touchent à la pathologie de l'œil. Pour soigner les glaucomes, les rétines déficientes, pour fabriquer les implants intraoculaires les plus performants de la chirurgie réfractive, il manque encore à Cornéal un produit capital : un produit viscoélastique à base de crête de coq.
Le coq, celui de la basse-cour, le vaniteux, l'arrogant, celui qui dans les Histoires naturelles de Jules Renard *« défie, le sang à la crête, tous les coqs du ciel pendant que l'autre qui n'a pas peur de faire face aux vents d'orage, joue avec la brise et tourne le dos ».*
La course à la matière première commence : il est impératif d'acheter de la crête de coq.
Dérogeant à son principe d'autonomie, W. Kita achète ses premières crêtes de coq en Suède. Puis décide très vite de se lancer dans l'élevage de coq à Bourg-en-Bresse.
Autonomie oblige. Autonomie gagnante puisque Cornéal obtient les normes européennes et l'assurance qualité ISO 9001 et marquage CE qui l'autorisent à commercialiser les produits à base de crête de coq. L'entreprise peut attaquer deux nouveaux marchés, la dermatologie esthétique grâce aux vertus des produits viscoélastiques et de l'acide hyaluronique qui permettent de remplir les rides du visage et de remodeler les lèvres et la rhumatologie en apportant des solutions nouvelles pour lutter contre l'arthrose du genou ou des hanches.
W. Kita dit de lui-même *« je ne suis pas quelqu'un d'intelligent, je suis quelqu'un de logique ».* Sa logique, la Bourse ne l'a pas suivie.
Au moment où, dopée par son innovation technologique, l'entreprise se donne les moyens de transférer ses compétences de l'ophtalmologie à l'esthétique, la Bourse décroche.
Pourtant quand Cornéal entre en Bourse en 1997, l'action est à 270 francs. Elle culmine à environ 600 francs moins d'un an plus tard. Mais la Bourse croit souvent plus aux résultats qu'aux visions : elle ne

fait donc pas crédit à Cornéal de réussir sur le marché de la dermatologie esthétique.
L'entreprise sort de la Bourse en 2002.
Frustration de l'entrepreneur, crispation des professionnels de la finance.
La société d'investissement en capital EPF Partners reprend le témoin et entre au capital ainsi que le fondateur et quelques cadres qui doivent tous s'endetter pour acheter leurs parts.
L'investisseur investit, l'entrepreneur entreprend, les managers managent.
Personne n'outrepasse ses pouvoirs, personne ne s'investit d'un rôle providentiel.
Toute l'entreprise est stimulée, elle se fixe un nouveau cap : cinq ans pour atteindre un chiffre d'affaires environ de 70 millions d'euros.
C'est la pression salutaire de la croissance. Une pression qui libère les énergies de tous les cadres et salariés de Cornéal, les force à bousculer leurs habitudes. Une arme fatale contre l'inertie, la désimplication, l'indifférence qui sont la contrepartie naturelle de toute fidélité à une entreprise.

Un matin Waldemar Kita annonce à ses cadres qu'il a vendu Cornéal. En français, vendre est un verbe ambigü, surtout quand on vend une entreprise. Pour les uns, vendre flirte toujours avec trahir, trahir une aventure commune, un idéal et tous ceux qui l'ont partagé. Pour les autres, vendre veut dire croître, encore et toujours, relancer la machine, créer une nouvelle chance.

L'entrepreneur fonde, développe, innove.
L'actionnaire accompagne, stimule.
Ils sont faits pour grandir ensemble, le premier parce qu'il a toujours un temps d'avance sur le marché, le second parce qu'il convertit ce temps d'avance en business rentable et durable.
Réussir, c'est créer quelque chose de plus grand que soi
Think bigger than life disent les Américains.
Ne jamais cesser de vouloir être le meilleur, répond fièrement le créateur de Cornéal.

Xavier CAITUCOLI

Direct Energie ou l'art de court-circuiter un monopole

Xavier et Fabien, deux polytechniciens, camarades de promotion, décident en 2003 au cours d'un dîner dont la conversation tourne autour de l'ouverture du marché de l'énergie, de s'attaquer au monopole d'EDF.
Ils sollicitent leurs amis et leurs familles pour monter un premier tour de table de proximité avec 200 000 euros.
Fin 2006, il y a 70 000 clients, soit un tiers des clients qui ont choisi à ce jour de quitter EDF et 120 millions de chiffres d'affaires au compteur de Direct Energie.

« Fabien Choné, mon associé, travaillait à l'époque chez EDF, moi j'avais quitté LVMH pour participer à la bulle Internet.
Un soir d'avril 2002, on s'est mis à réfléchir ensemble à un business model dans l'énergie en nous demandant pourquoi les clients viendraient nous voir et quelle valeur nous pourrions apporter au marché » raconte Xavier Caitucoli.
En un week-end, les deux copains font leur business plan, choisissent le nom de leur entreprise, en dessinent même le logo et font appel à un troisième mousquetaire ayant fait ses armes dans le marketing chez Neuf Telecom et Club Internet. En avril 2003, le nouveau concurrent d'EDF est lancé.
La bataille de Xavier Caitucoli et de ses associés contre le monopole d'EDF n'a rien d'idéologique.
Son inspiration est pragmatique et consumériste.
C'est une méthode contre un abus de position dominante, pas une guerre sainte contre le service public.
Si 250 000 clients ont déjà quitté l'entreprise publique, ce n'est pas parce qu'ils sont ultra-libéraux mais parce qu'ils ont un sens plus aigü de leurs intérêts.
Qui choisit Direct Energie ?
Tous ceux, particuliers, professionnels, collectivités territoriales qui ont décidé de payer moins cher leur kWh. Votre coiffeur, votre boucher,

votre pharmacien, Auchan, les 3 Suisses, Nocibé, les communes de Caen, Versailles ou Meung-sur-Loire. L'entreprise espère avoir un million de clients en 2010.
Rien n'est plus simple que de devenir un client Direct Energie. Aucune intervention technique, aucune démarche à effectuer. Cela semble tellement simple que le client final ne cherche même pas à savoir comment le producteur indépendant d'électricité s'y prend pour lui permettre de payer moins cher son kWh.
Direct Energie a trois métiers : livrer, prévoir, produire.
Pour livrer, il faut emprunter un réseau partagé par tous les opérateurs, le réseau RTE géré par EDF.
L'électricité étant une denrée non-stockable, l'offre doit, à chaque instant et en temps réel correspondre exactement à la demande. Il revient donc au fournisseur d'équilibrer ce qu'il injecte sur le réseau de transport et ce que ses clients vont prélever. Si le fournisseur injecte moins d'électricité que la quantité prélevée par ses clients, ce ne sont pas les clients qui sont pénalisés, c'est lui. Au moindre déséquilibre entre l'offre et la demande, le réseau RTE se substitue automatiquement au fournisseur pour livrer le client final. Et fait payer très cher sa défaillance au fournisseur.
Mieux vaut donc ne jamais défaillir.
La prévision n'empêche pas la défaillance, elle la rend plus improbable, d'où la complication du métier :
« il faut avoir des outils de prévision fiables : on reçoit chaque jour plus de 300 points météo en France, des mesures de nébulosité, des études sur les bonds historiques de consommation, sur la façon dont se comportent nos clients tel ou tel jour férié ou pendant la Coupe du Monde ».
Livrer, prévoir, produire.
Produire n'est pas une sinécure non plus.
Surtout dans un pays où, contrairement aux chiffres fantaisistes avancés par Ségolène Royal et Nicolas Sarkozy dans leur duel télévisé, 80 % de l'électricité proviennent des centrales nucléaires sans que les fournisseurs indépendants ne puissent y avoir accès.
Que reste-t-il donc au producteur indépendant ?
La petite hydraulique, soit toutes les petites rivières de France.
La richesse de Direct Energie, c'est Joachim du Bellay.

« Plus me plaît mon Loire gaulois que le Tibre Latin
Plus mon petit Liré que le mont Palatin
Et plus que l'air marin la douceur angevine ».

Loin des grands lits officiels de France, des Rhin, Rhône, Seine et Garonne, la matière première de Direct Energie sera demain la géographie buissonnière des ruisseaux et des rivières, les petites eaux des affluents rêveurs des grands fleuves, la Vézère, la Gartempe, le Serein, l'Agout, la Sioule, la Save, le Loing, l'Arc, le Don, le Beuvron, le Lignon.
« On achète un lieu ou on en négocie l'usage par une concession si c'est du domaine public et on installe une turbine pour produire de l'électricité ». précise Xavier Caitucoli.
La petite hydraulique produit, tout comme le projet éolien lancé par l'entreprise en Moselle et en complément de la production d'origine thermique avec du fuel et du charbon pour les pics de consommation, une énergie propre et qui préserve les sites. Grâce à la petite hydraulique et aux petits barrages de France, Direct Energie a pu concevoir une offre innovante, l'offre 100% pur jus, l'électricité verte produite par le barrage de Poses dans l'Eure, une énergie totalement renouvelable sans émission de gaz carbonique ni déchets nucléaires.
Avant que le marché des télécoms ne s'ouvre, personne n'imaginait ce que le marché pouvait apporter de plus et de nouveau au client. Même combat avec l'électricité.
L'ouverture du marché pousse ses acteurs, les oblige même, à innover. Innover en aidant le consommateur à maîtriser sa consommation, développer la conscience environnementale, éduquer les Français à une nouvelle demande énergétique, former aux éco-gestes quotidiens.
Le kWh le moins cher reste celui que vous ne consommez pas. Apprenez donc à dégivrer correctement votre frigidaire, bannissez les halogènes au profit des ampoules basse consommation, n'oubliez pas qu'un robinet qui goûte, c'est 35 000 litres d'eau gaspillés par an et qu'une vaisselle à la main est 5 fois plus coûteuse qu'une vaisselle en machine.
En attendant et tant qu'elle pourra le faire, EDF continue à produire son megawatt heure à 30 euros et à le revendre à 50 en *« maintenant des prix très élevés et en conservant à son profit exclusif les bénéfices d'une politique nationale en faveur du nucléaire ».*

Pour résister à la puissance hégémonique et à l'excellence du savoir-faire de l'opérateur historique, il faut des reins solides et des soutiens financiers sans faille.

Les premiers 200 000 euros pour lancer Direct Energie furent collectés auprès des amis, des copains de promotion, de la famille.
Puis les investisseurs prirent le relais : Cita Gestion, BNP Paribas Private Equity, IDI pour les 3 millions suivants destinés à préparer l'ouverture du marché aux professionnels en juillet 2004. Puis Crédit Agricole Private Equity, NGBI et enfin le groupe Louis Dreyfus en 2006.
Sur quoi investissent les investisseurs?
D'abord sur une équipe de management, ensuite sur la capacité à développer l'entreprise, enfin sur la double performance qui impose à l'entrepreneur d'avoir raison stratégiquement et de ne jamais avoir tort tactiquement. *« La tête dans les étoiles, les pieds dans la glaise »* disait Antoine Riboud. Soit dans la version de Xavier Caitucoli *« Tant qu'on n'a pas été entrepreneur, on ne sait pas ce que c'est, on pense que tout est facile, que l'entreprise génère son flux d'affaires et que ça marche tout seul ».*

En février 2007, Direct Energie a déposé une plainte contre EDF pour abus de position dominante devant le Conseil de la Concurrence. Le patron du distributeur alternatif considère que l'entreprise publique empêche les autres fournisseurs de *« faire une offre compétitive et pérenne aux clients finaux ».*

L'eau est la matière des rêves.
Gaston Bachelard distinguait les eaux claires, printanières, courantes et amoureuses des eaux lourdes, dormantes, mortes ou profondes.
Xavier Caitucoli rêve d'eaux vertes pour le million de clients qu'il espère avoir gagné en 2010. Il sait que cela ne se fera pas seul car une société, c'est un trépied *« des clients, des actionnaires, des collaborateurs.*
Et on sait qu'on a réussi quand les trois sont heureux ».
Mais quand on a décidé de court-circuiter les monopoles, on ne compte pas son énergie.

Henri MULBACH

Dupont d'Isigny ou l'inconscience contre la fatalité

Cadre chez Procter & Gamble ou Johnson & Johnson, cela vous donne une situation enviable. Mais est-ce suffisant pour vous créer un destin ?

Un jour, un homme vend des couches Pampers, le lendemain il sauve de la faillite la marque de caramels la plus célèbre du monde créée en 1898.

Nous sommes en 1984. Henri Mulbach vient de s'inventer une nouvelle vie.

« On démarchait les Etats-Unis depuis très longtemps, et puis un matin brutalement, on a eu une commande du distributeur KMart qui nous commandait 40 containers ».

Ce fut la plus belle journée de Mr Mulbach.

Une de ces journées réussies qui font oublier aux entrepreneurs les caps difficiles, les pressions administratives, la violence de la concurrence.

Une de ces journées qui les font revenir à l'essentiel : *« pour réussir, il faut avant tout un bon projet avec un bon produit ».*

L'industrie, c'est une bonne usine, un bon produit à un bon prix mais surtout beaucoup d'inconscience.

Tout le monde connaît Dupont d'Isigny.

Isigny, chef-lieu de canton du Calvados mais capitale gourmande du beurre et du caramel.

Si Monsieur Dupont n'avait pas quitté Paris en 1899 pour chercher son destin entre la Vire et l'Aure et ajouter à son nom les lettres de noblesse du petit chef-lieu de canton pour se lancer dans le commerce de fromages et de beurre en gros, tout le monde aurait oublié Monsieur Dupont.

Si Henri Mulbach n'avait pas repris en 1984 l'entreprise de caramels en liquidation, tout le monde aurait oublié Monsieur Mulbach.

Qu'est-ce qui fait qu'un homme, un matin, décide de lâcher les amarres ? Qu'est-ce qui lui donne la force de s'inventer entrepreneur ? L'immense fatigue qui prend un jour à la gorge tout cadre de multina-

tionale à l'idée de passer sa vie à programmer et animer des réunions et encore des réunions ? Le sentiment de perdre doucement sa vie, sans violence ni passion, à force de penser à sa carrière ?
Les Canadiens ont un mot terrible pour les victimes de ce symptôme, ils les appellent les grimpions, les pions qui grimpent.
Est-ce la puissance imaginaire d'un nom, Isigny par exemple qui soudain enchante l'homme parce qu'il recèle un souvenir perdu ou une origine controversée comme Cambremer, Carquethuit, Bricquemart dans la Recherche du temps perdu ? La maturité ? Son héritage génétique ? Son éducation ? Son inconscient ou, comme préfère le dire Henri Mulbach, son inconscience ?
L'inconscience et le hasard.
Deux maîtres mots pour refuser la fatalité.
Et sauver une entreprise.
Quand Henri Mulbach décide en 1984 de reprendre Dupont d'Isigny pour la rebaptiser Société Nouvelle Dupont d'Isigny, il ne connaît rien de la vie d'une usine, rien non plus de la vie d'une PME. Il sait seulement que pour faire un caramel, il faut du lait, du beurre et du sucre.
Inconscience donc mais inconscience motrice.
Ce n'est pas la liberté qui guide ses pas mais le hasard.
Il apprend en effet fortuitement que le Ciri-comité interministériel pour les restructurations industrielles-cherche à régler le dossier Dupont d'Isigny.
Un dossier ?
Un dossier certes mais fait de chair, de sueur et de mémoire. Plus de 80 salariés travaillent encore dans la vielle usine de la Cambe pour un chiffre d'affaires équivalent à 3 millions d'euros et une perte de 1 million.
C'est l'époque où Mitterrand revendiquant le double héritage des Lumières et de la Révolution française s'insurge sur un ton apocalyptique contre l'impuissance indigne des pouvoirs *« combien de temps allons-nous encore accepter ces nouveaux pauvres, combien de temps allons-nous laisser détruire par le chômage des vies et des consciences ? »*

Depuis qu'elle a été revendue dans les années 1960 par la famille fondatrice, la descente aux enfers de l'entreprise du Calvados n'a guère connu de répit.

Les propriétaires se succèdent, Perrier, une coopérative normande, Cadburry-Schweppes, c'est la chronique d'une mort annoncée. Rien n'est possible jusqu'au jour où tout le devient. Décidez de sauver le soldat Ryan, il est déjà presque sauvé.
En 1992, l'entrepreneur sonne l'offensive, une offensive rendue possible par l'entrée au capital de Natexis. Natexis puis en 1998 Unigrains, Cinindev et Synergie Finance. Des fonds *« pour avoir un peu d'air, cesser de courir après la trésorerie, se donner les moyens de la reconquête »*.
Dans l'industrie, quand on gagne 2 euros, il faut en réinvestir 3. Investir pour construire de nouvelles usines, investir pour mettre au point de nouvelles techniques de fabrication.
Rien à voir avec le grand capital.
Mais tout à voir avec les capitaux suffisants investis au bon moment.
Des capitaux, messieurs, encore des capitaux pour relancer, internationaliser ou créer les PME qui relanceront la compétitivité française classée en mai 2007 par l'Institute for Management de Lausanne au 28ème rang mondial derrière, par ordre décroissant, les Etats-Unis, Singapour, Hongkong, le Luxembourg, le Danemark, la Suisse, l'Islande, les Pays-Bas, la Suède, le Canada, l'Australie, la Norvège, la Chine, l'Allemagne, le Royaume-Uni, Israël, la Malaisie, le Japon, le Chili et l'Inde.
La nouvelle bataille mondiale se joue à Carentan.
Dans le caramel, tout dépend de la qualité de la texture de la pâte à mâcher. Pour gagner la guerre des marchés, il faut pouvoir fabriquer un caramel qui ne colle pas aux dents. Le nerf de la guerre est là, la clef de la réussite aussi. Et pour que ça ne colle pas aux dents, il faut adapter les meilleures machines du monde au process de fabrication le plus original du monde.
Henri Mulbach prend donc deux décisions courageuses. Construire en 1995, malgré le surendettement, une nouvelle usine à Carentan dans la Manche. Produire pour les marques distributeurs comme Auchan et Carrefour afin de regagner en volume ce que la marque Dupont d'Isigny avait perdu en notoriété et en chiffre d'affaires face à ses concurrents plus riches et plus offensifs en publicité et en merchandising. Aujourd'hui, l'entreprise est prospère, elle a été rachetée en 2006 par le groupe chocolatier Cémoi Cantalou, son sauveur serein peut jouer au bridge tout en gardant un œil sur le développement de la

société d'importation et d'édition de jeux vidéos de son fils dont il est le business angel.

L'inconscience a porté Henri Mulbach. Et l'inconscience a sauvé Dupont d'Isigny. Quand l'inconscience travaille, elle est infatigable.
Certains entrepreneurs le savent, certains poètes aussi.

« Nous fuirons le repos, nous fuirons le sommeil
Nous prendrons de vitesse l'aube et le printemps
Et nous préparerons des jours et des saisons
A la mesure de nos rêves » (P. Eluard).

Jean-Yves RIVIÈRE

Eurilogic ou quand la logique est plus efficace que la foi pour déplacer les montagnes

Un ingénieur formé à l'IEG de Grenoble crée son entreprise en 1997 suite à son départ d'une grande SSII pour réaliser un de ses rêves d'enfance : entreprendre. Au début, il ne se paie pas et ses deux associés travaillent à mi-temps. En 2007, il introduit en Bourse sur Alternext son entreprise qui compte désormais plus de 1000 personnes.

Personne ne connaît Eurilogic. Pourtant Eurilogic est un des leaders de l'ingénierie industrielle française.

Mais personne ne connaît l'ingénierie industrielle. A l'exception des industriels, ce qui semble parfaitement logique. De ses clients, qui en France sont au nombre de 300, ce qui est parfaitement logique aussi. Et enfin, de ses concurrents qui sont des SSII, ce qui est encore plus logique.

Eurilogic accompagne des entreprises dans l'industrialisation, l'automatisation et l'exploitation de leur outil de production. En tant que société d'ingénierie Eurilogic conçoit et réalise des systèmes d'essai, de validation et d'évaluation des prototypes industriels. Eurilogic intervient dans le secteur de la Défense et plus particulièrement la construction navale mais aussi dans l'aéronautique, l'automobile et l'industrie ferroviaire avec des entreprises comme la RATP, Renault, Air France, EADS, Sagem, Eurocopter, Schneider, Bouygues, IBM. Eurilogic teste, par exemple, pour l'automobile et l'aéronautique, les calculateurs embarqués dans les voitures et les avions ou pilote des bancs d'essai pour moteurs. Mais c'est essentiellement le développement de la partie logicielle qui caractérise le savoir-faire des équipes d'Eurilogic et la capacité à l'intégrer dans un système électronique complexe. Le nom d'Eurilogic vient d'ailleurs du mot logiciel et du mot Europe pour bien montrer l'ambition initiale de la société.

Comme dit Jean-Yves Rivière, son président, *« pour réussir, il faut de la volonté et provoquer la réussite ».*

Le président d'Eurilogic a commencé sa carrière en 1979 comme ingénieur spécialiste des logiciels chez Renault Automation, sans doute pour ne pas contrarier la logique. Il aurait rêvé d'être champion de Formule 1.
Comme quoi, même les rêves sont logiques. Chatenay, Lyon, Toulon, Angoulême, Lorient, Toulouse et Perpignan connaissent Eurilogic, ce qui est terriblement logique car Eurilogic a un centre de production dans chacune de ces villes. Chez Eurilogic, deux associés se partagent le business, Jean-Yves et Philippe, et un troisième, Marc, surveille les cordons de la bourse. Quand Jean-Yves Rivière est sorti de son école d'ingénieur de Grenoble, il a trouvé très logiquement du travail.
« J'ai conscience d'appartenir à une génération bénie, quand on sortait d'une école d'ingénieurs, on savait qu'on allait trouver du boulot ». La première société qu'il rejoint après avoir travaillé 10 ans chez Renault Automation fait de l'informatique industrielle. Quand elle est rachetée par Alten, il décide de continuer l'aventure avec le repreneur. *« Mais là, le courant passe mal avec les dirigeants d'Alten ».* Il s'en va.

Il crée Eurilogic en 1997 et au bout d'un an, il a recruté 25 personnes. Dans sa nouvelle société, des anciens collègues le suivent, ce qui n'est pas du goût de son ancien employeur. *« J'apprends par la suite que je me suis fait suivre par un détective parce que d'anciens collaborateurs sont venus me rejoindre ».* Les choses sont tellement logiques qu'elles en deviennent parfois absurdes : qui pourrait empêcher un entrepreneur d'entreprendre ?
En 2000, profitant du désintérêt généralisé pour l'informatique industrielle des entreprises au profit des stars émergentes de la Nouvelle Economie, il rachète la société Modcomp, la filiale d'une société américaine qui fabrique des calculateurs industriels, dirigée à l'époque par ses deux futurs associés. La croissance externe est ouverte : les trois associés reprennent successivement cinq sociétés ayant toutes un savoir-faire technique remarquable et ayant une position leader dans leur spécialité technique.

« Ce qui fait notre force, c'est notre équilibre, équilibre entre les métiers, équilibre entre les trois dirigeants, équilibre entre les clients ». La plus grande fierté de Jean-Yves Rivière, c'est qu'on lui dise qu'il n'a pas

changé depuis qu'il a commencé. Il n'a pas changé tout en changeant profondément. Mobilité et immobilité de l'entrepreneur font toute sa sérénité.

A l'image du Ciel dans la philosophie des maîtres chinois du Tao.

Giuliano BERRETTA

Eutelsat ou l'entrepreneur qui fait parler le silence des espaces infinis

La science aime la fiction et la fiction le lui rend bien. C'est Arthur Clarke, savant et écrivain de science-fiction, auteur notamment de la nouvelle qui inspira à Kubrick, 2001 l'Odyssée de l'espace, qui identifie le premier la position idéale pour un satellite de télécommunications. La position dite géostationnaire à 36 000 km exactement de la Terre qui permet au satellite de tourner exactement à la même vitesse qu'elle.
40 ans plus tard, un ingénieur italien fasciné par l'intuition du savant écrivain, transforme ce qui aurait pu rester un programme bureaucratique de recherche spatiale européenne en une entreprise qui devient le troisième opérateur mondial de satellites.
Eutelsat achète des satellites qu'elle fait fabriquer par l'industrie spatiale européenne et des services de lancements, et une fois que les satellites sont en orbite, commercialise leur capacité.
En 2007, l'entreprise commercialise 24 satellites géostationnaires dont les deux tiers de la capacité sont utilisés pour diffuser des programmes télévisés et radiophoniques.

Mr Berretta croit au libre arbitre et à la chance.
La vie des hommes est guidée par ces deux principes, le second servant à corriger le premier. Vous croyez décider de votre avenir mais la chance vient souvent détourner votre volonté ou lui faire des enfants dans le dos.
En 1970, alors qu'il était jeune ingénieur diplômé de l'Université de Padoue, passionné depuis son enfance de romans de science-fiction, Giuliano Berretta, tombe sur une annonce dans le Corriere della Sera *« cherche ingénieur italien pour l'espace »*.
Sur l'annonce, un petit satellite et la signature ESRO.
Soit un rébus inintelligible pour le jeune ingénieur. Il décroche son téléphone, une dame avec un fort accent suédois lui confirme que l'Europe recherche des ingénieurs. Dans l'heure qui suit, il passe un entretien devant une commission dont le président allemand décide de l'engager sur le champ.

En mars 1971, il débarque aux Pays-Bas à l'European Space Research Organisation (le centre technique de l'agence qui allait devenir l'Agence Spatiale Européenne-ESA). Le programme de cette institution qu'il affuble rétrospectivement du titre de *« Club Med de l'espace »* ? Inventer, à partir d'une feuille blanche, ce que l'Europe peut faire dans les satellites. C'est dans le Club Med de l'espace que naîtra la fusée Ariane.
Après 7 ans aux Pays-Bas, Giuliano Berretta rejoint le siège de l'ESA à Paris.
L'Agence est le centre européen de recherche spatiale, financé par les Etats, chargé de concevoir des programmes de satellites, de lanceurs et de l'exploration spatiale.
« Des chercheurs qui cherchent, on en trouve mais des chercheurs qui trouvent, on en cherche », disait de Gaulle.
A l'ESA, les chercheurs sont excellents mais leur activité ne s'étend pas à l'exploitation commerciale de leur travail.
En 1977, les Etats décident donc de créer Eutelsat, une organisation européenne spécialiste des communications spatiales tout en s'arc-boutant sur un point de doctrine sacré : jamais nous ne ferons des satellites pour la télévision car c'est un domaine national réservé. Et c'est ainsi que les premières entreprises chargées de développer Eutelsat seront les PTT.
La Poste pour exploiter un programme de satellites!
La bienveillance légèrement ironique de Giuliano Berretta résume l'effet produit par ce tour de passe-passe bien étrange :
« On appelait les gens d'Eutelsat les fonctionnaires de l'espace ».
Mais le jeune ingénieur italien ne peut s'y résoudre. Pressentant que l'arrivée de Gorbatchev au pouvoir annonce l'effondrement de l'empire soviétique et donc la fin de la compétition américano-russe pour la conquête de l'espace, il propose au directeur général d'Eutelsat de devenir son directeur technique.
Le poste étant déjà pris, Giuliano Berretta ne sera pas directeur technique mais directeur commercial. C'est l'application parfaite de sa philosophie de la vie : la chance vient de corriger son libre-arbitre. Comment vendre des produits conçus par une organisation internationale ?
Imaginez-vous un instant dans la peau d'un commercial censé vendre des produits dont personne n'a encore imaginé le marché.

Personne à l'exception de Rupert Murdoch, un des premiers à vouloir lancer la télévision par satellite.
Pendant ce temps chez Eutelsat, on continue à expliquer que la taille importante des antennes de réception pose une barrière incontournable à la télé directe par satellite.
Quand les savants commencent par poser des limites, des barrières et des impossibilités, les marchés sont tués dans l'œuf. Mais quand, au contraire, les techniciens sont confrontés aux réalités commerciales, tout devient possible. C'est précisément le cas de Giuliano Berretta. Convaincu par le potentiel commercial du système Eutelsat, observateur du modèle Astra créé au Luxembourg pour attaquer directement le marché de la télé par satellite, il est de plus en plus persuadé qu'Eutelsat doit vivre sa propre vie ou mourir.
Le premier satellite d'Eutelsat dédié à la télévision, Hot Bird 1 qui ne naîtra qu'en 1995, est déjà dans sa tête.
En 1999, l'homme qui a la double qualité de technicien et de commercial devient directeur général d'Eutelsat.
Deux ans plus tard, en 2001, l'année de l'Odyssée de l'espace, il privatise l'entreprise. C'est la première privatisation dans le cadre d'une organisation internationale.
Eutelsat s'affranchit des télécoms français, italiens, anglais, allemands qui ne sont plus signataires désignés par un traité intergouvernemental mais actionnaires.
Dans les mois qui ont suivi la privatisation, il rencontre pour la première fois de sa vie un fonds d'investissement, Lehman Brothers, qui rachète la part de Telecom Italia.
La brèche est ouverte.
En 2002, France Télécom, British Telecom et Deutsche Telekom qui, ensemble sont majoritaires au capital de l'entreprise, demandent à Giuliano Berretta de vendre non seulement leurs parts mais aussi toute la société à un concurrent américain, Intelsat. S'opposant farouchement à l'hypothèse américaine, l'Italien cherche de nouveaux partenaires financiers.
A Davos, il rencontre Patrick Sayer d'Eurazeo qui intervient auprès de France Télécom pour racheter les parts de l'entreprise publique et entrer au capital d'Eutelsat.

Les uns après les autres, les fonds vont reprendre les participations des opérateurs télécoms.
En 2003 avec Eurazeo comme actionnaire principal et autour de Goldman Sachs, Texas Pacific et Spectrum, rejoints en 2004 par Cinven, l'entreprise a radicalement renouvelé son actionnariat et ses statuts. Elle est passée d'une société à Directoire et Conseil de surveillance à une entreprise avec un Conseil d'administration dont le président est Giuliano Berretta.
Pour une entreprise, prise en charge à l'origine par les PTT, la mutation est phénoménale.
Un bilan de son patron italien ?
« Les fonds de Private Equity m'ont évité d'être vendu à un concurrent américain ce qui aurait créé des dommages gigantesques dans l'industrie spatiale européenne qui tire 67 % de sa charge de travail dans les satellites de télécommunications. Depuis que les fonds sont entrés, nous avons acheté sept satellites dont deux sont déjà en orbite. Et sans nos commandes depuis près de 20 ans, les entreprises Thalès, Alenia Space, EADS, Astrium et Arianespace, ne seraient pas ce qu'elles sont ».
En 2005, Eutelsat entre en Bourse sous le nom d'Eutelsat Communications.

Tous les oiseaux d'Eutelsat sont localisés sur orbite géostationnaire entre 15 degrés Ouest et 70, 5 degrés Est. Ils s'appellent, pour ceux dont les noms sont les plus évocateurs, Atlantic Bird, Eurobird, Hot Bird, couvrent 90 % de la population mondiale et accueillent plus de 2500 canaux télévisés en 45 langues, ainsi que des réseaux d'entreprises et des solutions haut débit en vol, en mer et pour les internautes à l'écart de réseaux terrestres.
Grâce à eux, chacun de nous peut disposer du monde entier en temps réel.
En 1945, Arthur Clarke exposait pour la première fois dans un article de Wireless World sa conception du satellite géostationnaire.
50 ans plus tard, Giuliano Berretta a transformé l'intuition du scientifique anglais en grande entreprise mondiale très performante et très rentable.

« *Aimes-tu ta patrie* » ? demande le poète à l'étranger dans un des poèmes en prose de Baudelaire.
« *J'ignore sous quelle latitude elle est située* ».
« *Qu'aimes-tu donc, extraordinaire étranger* » ? reprend le poète.
« *J'aime les nuages … les nuages qui passent … là-bas ... là-bas ... les merveilleux nuages* ».

Sous le grand ingénieur doublé d'un grand entrepreneur qu'est Giuliano Berretta, se cache sans doute aussi, l'homme qui aimait les merveilleux nuages.

Roland GERMAIN

Geoxia ou l'entrepreneur qui a résisté au terrorisme de la Nouvelle Économie

Maisons Phénix et Catherine Mamet, tout le monde connaît. Personne ne connaît Geoxia. Un peu comme BSN à l'époque et Danone. A la différence près que le groupe BSN a choisi un jour de s'appeler Danone.
Ce qui n'est pas le cas de Geoxia qui n'a jamais pris le nom de Maisons Phénix, sa marque la plus connue.
En 1993, Roland Germain, patron de Maisons Bouygues, devient directeur général de l'entreprise issue de la fusion des maisons de maçons et de la Compagnie Immobilière Phénix.
L'homme formé à la culture Bouygues se retrouve à la tête d'une société de 2000 personnes dans « une ambiance florentine » et doit affronter une culture étrange et inconnue, « le management par le mépris ». A l'impossible, nul n'est tenu.
Pourtant, l'entrepreneur à l'éducation rurale, élevé à la campagne dans le Nivernais et qui se définit lui-même comme un Bouygues boy, va se tenir à ce qui lui semblait quasi-impossible à l'arrivée de Jean-Marie Messier en 1995 : restaurer en trois ans la prospérité de Maisons Phénix.
En 1999, il rachète son entreprise à Vivendi qui ne jure que par la Nouvelle Economie. En 2003, il en devient l'actionnaire majoritaire et trois ans plus tard, les hommes de Maisons Phénix en possèdent 80%.

Monsieur Germain est le spécialiste du logement individuel.
L'année dernière, Roland Germain a vendu presque 10 000 maisons.
En France, environ 3000 entreprises font la même chose que lui mais ses concurrents vendent moins de maisons que lui.

Quand on demande à Monsieur Germain ce que son entreprise apporte à son marché, il répond *« l'organisation d'un grand groupe national pour un métier de proximité structuré par des concepts ».*

Diabolique abstraction pour ce qui est pourtant le plus concret des métiers, construire des maisons individuelles.
Qu'est ce qu'un concept dans l'entreprise de Monsieur Germain ? C'est à la fois une façon de faire et une façon de penser, de construire une maison et d'accompagner son évolution dans le temps. Nouvelles normes de qualité environnementale, nouveaux matériaux, innovations technologiques de la domotique, même le plus intelligent et le plus travailleur des trois petits cochons aurait bien du mal aujourd'hui à intégrer dans sa nouvelle maison tous les progrès de la construction.
« Demain, l'habitat sera essentiellement l'entretien, la réparation, l'évolution » anticipe l'homme qui a déjà construit 450 000 maisons en France sur un parc total de 18 millions de maisons individuelles.

En 1946, un ingénieur fonde Maisons Phénix, les premières maisons construites sous cette marque, rachetée successivement par Saint-Gobain puis Guy Dejouany qui l'intègre dans le Compagnie générale des Eaux, sont pour EDF.
Quand Roland Germain prend la direction de l'entreprise, sa feuille de route est claire : Guy Dejouany le mandate avec Stéphane Richard pour mettre fin au *« tout à l'ego »* des stars du marché immobilier. Les flamboyants et controversés Mamet et Pellerin, entre autres, quittent la nouvelle entreprise fin 1994.
Dès janvier 1995, Monsieur Germain assume les décisions courageuses encore jamais prises par l'entreprise, il licencie 900 personnes, déménage le siège pour l'installer à Rueil dans une tour vide du groupe Générale des Eaux, des locaux beaucoup moins somptueux que sous le règne de ses prédécesseurs, un loyer de 500 francs le mètre carré, sans commune mesure avec le précédent.
Humble et lucide, l'homme fait le travail qu'on lui demande, il nettoie les écuries d'Augias, *« la difficulté, c'est de restructurer tout en gardant le cœur, il faut recréer la confiance pour retrouver un volume de ventes et ne pas démoraliser l'ensemble des troupes »*.
Monsieur Germain ne sait pas encore qu'il va bientôt croiser un nouvel empereur. En voyant un jour Napoléon défiler, Hegel crut voir passer l'âme du monde à cheval. Quand, en 1995, Jean-Marie Messier prend le pouvoir à la Générale des Eaux, ce n'est pas l'âme du monde que

Monsieur Germain voit passer mais un nouvel empereur pressé qui n'a que suspicion pour un métier à la réputation sulfureuse.
« J2M me demande de lui présenter trois scénarios : fermeture totale, fermeture partielle ou poursuite de l'activité ».

Par fidélité à Guy Dejouany, Roland Germain s'engage à restaurer la prospérité de Maisons Phénix en trois ans. Une seule méthode pour réussir dans les cas extrêmes : dire la vérité et affronter la réalité.
Une seule méthode et deux garanties : une stratégie parfaitement claire et une absence totale de mégalomanie. Monsieur Germain affine sa stratégie de reconquête du marché, la partage avec toute son équipe *« qui malgré ses bras cassés et ses cicatrices a toujours envie de participer ».*
Il remobilise son entreprise autour de trois marques, la première pour attaquer le marché en entrée de gamme, Maisons Phénix, la seconde pour développer le marché moyen de gamme, Maison Familiale, la troisième pour créer de la valeur sur le marché haut de gamme, Catherine Mamet.
« Ton truc, c'est de la sidérurgie » lui avoue son associé Stéphane Richard.
La bonne stratégie ne suffit pas, il faut savoir la tenir, envers et contre tout, contre le scepticisme, le découragement, les jalousies.

Monsieur Germain a une qualité que beaucoup d'hommes de qualité n'ont pas : il agit comme s'il était détaché de son propre sort.
Seul, l'intérêt supérieur commun l'anime. Monsieur Germain sait que c'est sa force face à ceux qu'il appelle les flamboyants. Un flamboyant, c'est un homme qui s'enivre de lui-même et qui les jours de grande ivresse peut vous expliquer d'un air souverain que rien n'empêche le soleil de se lever au Nord.
Quand il était enfant dans le Nivernais, le père de Monsieur Germain lui disait *« ce dont il faut avoir peur, ce ne sont pas les hommes avec un fusil, ce sont les BOF, les beurre-œuf-fromage, les collabos qui te dénoncent par lâcheté ».* En 1998, à la suite d'un séminaire où les équipes dirigeantes du Pôle de l'aménagement et de la construction sont affublées d'un badge gris pour bien signifier qu'elles appartiennent au passé, Monsieur Germain décide de quitter le groupe. Les trente-

naires gameboyeurs, comme il appelle les nouveaux cadres Vivendi lui rappellent sans doute trop les BOF dont lui parlait son père. *« On nous explique que tous les anciens métiers sont morts, je retrouve tous les syndromes de la mégalomanie mais cette fois-ci appliqués à la Nouvelle Economie ».*

Quelques mois après le caricatural séminaire de Faro, Jean-Marie Messier demande à Roland Germain s'il pourrait être intéressé par la reprise de l'entreprise immobilière. Commentaire de l'intéressé, *« je fais comme le paysan donc je fais l'âne pour avoir du son, je lui explique que je ne veux que lui comme interlocuteur et que si je reprends Maisons Phénix, ce n'est pas pour que ses enfants fassent le service après-vente ».*
Monsieur Germain, après avoir fait l'âne pour avoir du son, prend son dossier en mains, choisit Barclays Private Equity pour préparer son LBO et signe en décembre 1999.

En 2007, Geoxia fait 42 millions de résultats contre un million dix ans avant.
Ce qui n'empêche pas Monsieur Germain d'être affligé par ce que l'image du patronat est devenue *« le patron, c'est le type qui fume des cigares, préoccupé par sa communication personnelle et qui licencie 10 000 personnes avec un chèque de 8 millions d'euros. »*

Quand on a appris dans son enfance à se méfier des BOF, on ne risque pas un jour d'être impressionné par la nouvelle société du business-spectacle.

Benoît ERAUD

Groupe Invest ou l'émancipation d'un fils

Un fils qui aurait pu rester simple et anonyme héritier d'un entrepreneur régional de l'aluminium transforme la société familiale en leader européen.
Le père fut un pionnier du bâtiment, une figure patronale et une idole familiale.
Le fils devient grand le jour où un investisseur lui donne les moyens d'inventer son destin en le libérant de la dépendance familiale.

Les métaux, comme les matières premières ont leurs dynasties et leurs légendes. Il y a les rois du cuivre ou de l'étain, les princes de l'argent et du nickel.
Les Eraud ne sont ni chiliens, ni boliviens. Pas plus russes ou indiens. Ils sont de Nantes, plus exactement de Vertou, petit village de Loire-Atlantique dont les habitants ont coutume de dire *« un homme à Vertou en vaut deux ».*
Dans les années 1960, les Etablissements Eraud font la gloire du patronat régional. Le nom sonne bien, le fondateur a déjà la réputation d'un pionnier puisqu'il fut le premier vendeur de fenêtres en aluminium en 1957. Personne ne soupçonne que l'établissement familial va devenir un groupe européen. Le fils ne s'est pas encore fait un prénom.

Le jeune Benoît commence ses classes en vendant aux menuisiers et aux serruriers les produits manufacturés de papa. Il vend des éléments de tôlerie destinés à la couverture, à l'étanchéité et à la décoration intérieure. Le fils n'a pas une mentalité de rentier.
Il ne veut pas s'établir, il veut conquérir.

Financé par son père et pressentant la naissance d'un marché important, il rachète la filiale française d'une entreprise allemande, Bugal, ainsi que le droit d'exploiter la marque pour le monde entier.
Premier trophée du tableau de chasse de Benoît Eraud, première pierre de la fondation du futur Groupe Invest.

Le marché lui donne raison : l'aluminium est le nouveau produit qui fait fureur pour remplacer le bois des fenêtres et l'acier des garde-corps des balcons des immeubles. Le bois est fragile, l'acier rouille. Rien à voir avec les vertus de l'aluminium. L'appétit du fils grandit, son ambition aussi, la chasse continue.

L'entreprise devient la bête noire de ses concurrents. *« Je n'avais aucun état d'âme, je prenais les marchés en cassant les prix et je devenais le concurrent à abattre »* avoue Benoît Eraud. Dans sa bouche, ce n'est pas un aveu d'ailleurs, plutôt un cri de joie et de fierté. La joie simple, presque enfantine qu'il y a à déstabiliser des marchés établis et des acteurs tellement certains de leur réussite qu'ils en deviennent arrogants, donc vulnérables. Une joie innocente pleine de confiance et de force, la sensation précise que tout est possible. *« Moi, j'avais la santé, la jeunesse, la chance d'avoir un père formidable ».*
Avec autant d'atouts, le business ressemble à un jeu d'enfant.
Un jour, le fils rachète un concurrent avec l'argent de son père, le lendemain, il en rachète, avec ses fonds propres, un autre qui vient de déposer le bilan. A ce rythme frénétique, son premier jour de gloire arrive vite. Pour Benoît Eraud, c'est lorsqu'il reprend la référence du marché *« la sommité, la référence aristocrate de l'aluminium dans le métier du garde-corps, la société Fildier dont le Président de l'époque côtoyait le Président de Péchiney ».*
Nul besoin d'avoir lu Joseph Schumpeter ou Tom Peters pour réussir à créer de la valeur et créer des emplois. *« If you don't change, change will change you »*, dit le grand principe du consultant américain. N'attendez jamais que le changement vous force à changer. Le patron nantais a ce principe dans la peau, il l'applique sans même le savoir. Par sa vigilance, sa vivacité, qui sont décuplées par le hasard des rencontres. Un ami de Mayenne revient à Nantes pour créer une société d'intérim spécialisée dans la soudure, lui parle d'un de ses clients qui fabrique des bateaux en aluminium de transport de passagers et des pontons flottants dans les ports de plaisance. Avec Jean-Pierre Delanos, devenu son bras droit, il décide de reprendre Metallu.
Deux heures plus tard, il négocie le rachat de l'activité pontons maritimes de la société Metallu. Le temps de promettre à un président de Tribunal de Commerce qu'il reprend la société avec tous ses salariés.

Il faut vivre vite, ne pas s'habituer au rythme lent des administrations. A la guerre comme à la guerre, sans Bonaparte, pas de pont d'Arcole. De nouveaux contrats sont signés.
Le nouveau port de Dives, la Trinité, Hendaye, des pontons flottants en Angleterre. Enfin arrive le moment décisif, le nœud de l'intrigue, l'heure de vérité.
Romain Gary le savait *« est vrai tout ce qui nous rend plus libre, est faux tout ce qui nous asservit ».*
L'heure de vérité pour Benoît Eraud, c'est la rencontre avec l'investisseur qui lui montre le chemin de la liberté. IPO en l'occurrence, l'Institut des Participations de l'Ouest. *« Je voulais me dégager totalement de la famille et je rencontre Mr Rouault de La Vigne ».*
L'entrepreneur et l'investisseur décident de céder 20% à IPO et de rebaptiser la holding Invest Aluminium. La grande offensive peut commencer.
Faut-il devenir leader européen des pontons ou consolider ses positions sur le marché des gardes-corps ? Se diversifier ou se concentrer sur son métier d'origine ? Etre plus grand ou être plus fort ?
L'entrepreneur nantais décide de racheter son concurrent lyonnais, une ancienne grosse fonderie aluminium de 500 personnes qui, pour augmenter la vente de ses produits de fonderie, s'était lancée dans la fabrication du garde-corps. Le duel inter-régional tourne à l'avantage du Nantais pourtant vertement mis à la porte du bureau du Lyonnais avant la fin de leur premier rendez-vous de négociation. Ironie de l'histoire, le Crédit Lyonnais suit l'entrepreneur nantais à condition qu'il revende Metallu. Le meccano industriel de l'aluminium est bouclé : Groupe Invest devient le leader français du garde-corps avec deux marques fortes, Bugal et Horizal dont Jean-Pierre Delanos, le fidèle bras droit de Benoît Eraud, enfin consacré devient le Pdg. Le tandem sera gagnant.
Horizal, qui perdait 6 millions de francs au moment du rachat, exporte de Lyon ses produits dans 17 pays.
Puis, c'est le tour d'une autre entreprise nantaise spécialiste du store intérieur et extérieur, un dossier que des avis autorisés déconseillent. Trop vieille usine, trop forte pression syndicale, des stocks en voie d'épuisement.

Entreprendre, c'est aussi savoir ne pas tenir compte de ceux qui sont censés savoir. Se méfier des avis autorisés, ne pas faire allégeance aux pouvoirs institués.
Résultat : l'improbable entreprise de stores est en passe de devenir le premier acteur du marché français.

Benoît Eraud devient le meilleur garde du corps de toutes les PME qui touchent à l'aluminium : qu'elles fabriquent des portes de sécurité pour les logements sociaux, des boîtes aux lettres, des fenêtres, des stores. Il fait construire de nouvelles usines, double la capacité de production des anciennes, associe au capital ses fidèles, libère les fils de la tutelle de leurs pères dans les entreprises familiales qu'il rachète. Sa dernière offensive ? Révolutionner le marché de l'isolation. Offensive menée au pas de charge puisqu'en six ans, il devient le premier fabricant français d'isolant mince réflectif à bulle.

Un homme a rarement fait autant corps avec l'entreprise que Benoît Eraud. Il en a l'instinct, la conscience, l'amour. Son garde-fou à lui, c'est sa méthode, une méthode imparable pour résister à la pression des fournisseurs, des concurrents, des marchés, à l'arrogance des uns et au scepticisme des autres. Elle tient en trois phrases *« Savoir que le succès est toujours derrière soi. Savoir écouter. Etre persuadé que la décision qu'on prend est dans l'intérêt de l'entreprise et non pour flatter son ego ».*

Quand il envisage l'avenir de son groupe, l'entrepreneur est serein. Son bras droit, Jean-Pierre Delanos, s'en chargera puis le bras droit de son bras droit. Le fils qui a conquis sa liberté de haute lutte a beau avoir lui-même des fils, il *« ne leur a jamais inculqué qu'ils travailleront avec lui et de toute façon, ils n'en ont pas envie. Exister à côté de son père n'est pas évident ».*
Ultime sagesse d'un entrepreneur accompli et d'un fils émancipé.

Nicolas BRUNEL

H3S ou le pompier qui devient entrepreneur parce qu'il se pose les bonnes questions

Il se définit lui-même comme un « profond échec scolaire ». Il commence dans la vie avec comme seul bagage un brevet de technicien agricole, devient pompier. A 20 ans, il découvre la liberté professionnelle en vendant de la publicité pour la presse gratuite. En 1997, il crée un nouveau marché en France : le marché de la presse gratuite thématique de qualité.

Pourquoi ne serait-il pas possible d'appliquer les méthodes de la presse payante à la presse gratuite ? Pourquoi se satisfaire d'une presse gratuite avec des contenus faibles ou inexistants, des photos médiocres et une maquette digne du plus promotionnel des prospectus de supermarché du quartier ?
C'est un ancien pompier qui se pose ces questions.
« Mon éducation mentale, je la dois aux pompiers, c'est l'école de la vie et de la solidarité ». Education morale avec des parents protestants qui l'élève dans la vallée de la Durance, éducation mentale avec les pompiers.
Se sentant plus l'âme d'un aventurier que d'un fonctionnaire, Nicolas Brunel découvre la liberté professionnelle en vendant de la publicité pour le groupe de presse gratuite SPIR dans une zone de chalandise entre Bollène et Montélimar. Attaché commercial dans la presse gratuite, il gagne assez facilement de l'argent, beaucoup d'argent, 10 000 francs par mois. On le repère, il est nommé chef de secteur à Marseille puis directeur du titre Plus Hebdo Orange. Il ne vend plus lui-même, il a désormais trois vendeurs pour cela, lui s'occupe de gérer son premier petit centre de profit. Après le rapprochement du groupe Spir avec le groupe Ouest France, le patron de Spir propose à son commercial talentueux la responsabilité du plus gros titre gratuit d'Ile-de-France. L'enfant de la Vallée de la Durance part travailler à Saint-Germain-en-Laye et vivre à l'hôtel à Orgeval. Il n'a plus trois vendeurs mais une

quinzaine. Promotion suprême et symbolique dans la hiérarchie du groupe Spir : on lui confie le titre historique du groupe, son acte de naissance, le journal Aix Hebdo. C'est à ce moment là que les choses se mettent en place dans la tête de Nicolas Brunel.
Pourquoi rester salarié toute sa vie ? Pour monter dans la hiérarchie ? Pour gagner toujours plus d'argent sans prendre trop de risques ? Pour gagner la reconnaissance et l'estime de ses pairs ? Pour contribuer anonymement à la plus grande gloire de l'entreprise ? Pour continuer à ne pas se poser de questions ?
L'ancien pompier n'aime pas ne pas se poser de questions. Il répond à toutes les siennes par la création en 1997 de sa propre société. Il l'appelle 3S, comme séduire, satisfaire, suivre les clients. Avec une conviction qui est déjà presque une nouvelle éthique du métier : ne pas se contenter d'aller arracher des bons de commandes mais suivre vraiment ses clients. A deux associés, ils bouclent leur premier journal, Mag Immo, distribué sur présentoir dans les boulangeries et les belles boutiques mais pas dans les boîtes aux lettres, 16 pages, belles photos, beau papier brillant, 120000 francs de chiffre d'affaires. *« Nous étions vendeurs le jour et distributeurs la nuit, j'allais moi-même alimenter les présentoirs jusqu'à 2 heures du matin ».*
Le premier combat est gagné. Le second le sera très vite aussi, c'est le combat pour le bon recrutement, le choix du premier salarié, sans doute le plus important affectivement et économiquement. L'ancien pompier va choisir un ancien boxeur. Mohamed Lannabi, ancien boxeur des quartiers durs de Sartrouville, dix ans après, deviendra contrôleur et auditeur France de l'entreprise après y avoir exercé à peu près toutes les fonctions.
H3S est une des premières entreprises à signer en 2005 la Charte pour l'égalité des chances. Et surtout à la pratiquer : contre tous les préjugés racistes, Nicolas Brunel impose un de ses vendeurs à Versailles, un Algérien censé effrayer la bonne bourgeoisie des Yvelines. L'homme est aujourd'hui directeur de région. Un matin, l'entrepreneur repère *« un jeune issu de l'immigration, écroulé dans sa voiture sur le parking devant une agence »,* il l'engage aussitôt comme distributeur. Les recrutements sont les bons, le nouveau titre gratuit qualitatif de 16 pages de H3S trouve son marché. Mais Nicolas Brunel décide de le bousculer encore en sortant son journal tous les 15 jours et par ailleurs

d'en lancer un tout nouveau pour le Val-d'Oise. Il négocie une formule inédite de crédit avec son imprimeur : l'imprimeur fabrique trois journaux et au quatrième l'éditeur paie le premier. *« C'est ce principe qui a financé mon développement et cela a été possible parce que mon imprimeur dont je suis devenu le premier client a compris mon projet ».*
Le crédit est accordé, la trésorerie devient positive, la voie est libre pour l'expansion. D'abord dans toute l'Ile-de-France puis à Nantes, sur la Côte d'Azur et dans le Var. L'entrée au capital de EPF Partners *« je leur ai raconté mon histoire, ils ont cru à la suite d'autant plus facilement que nous gagnions de l'argent depuis le premier jour »* permet à l'entrepreneur de pousser son exigence et son ambition plus loin. En 2003, il rachète un groupe de sa taille mais extrêmement déficitaire, une vingtaine de titres gratuits thématiques appartenant au Dauphiné Libéré.
En 2007, Nicolas Brunel est rattrapé à la fois par le principe de réalité et par le principe de plaisir. Principe de réalité *« un fondateur ne peut pas être bon pendant 25 ans, il faut à un moment savoir clôturer les choses et laisser son entreprise aller plus loin »*. Principe de plaisir *« J'ai toujours rêvé d'acheter une ferme, le jour où j'ai réalisé que je pouvais le faire, je m'en suis acheté une dans le Tarn »*. Il choisit le groupe Sud Ouest, le meilleur partenaire à ses yeux pour donner la plus belle suite à l'histoire, il revend H3S.
Une histoire simple qui s'achève avec la *« sensation très agréable que la boucle est bouclée, que ce qu'il fallait faire a été fait ».*
L'échec scolaire du départ a été dépassé, des emplois ont été créés, même pour ceux qui pensaient en être à jamais privés, l'énergie d'un homme a bousculé les conventions d'un marché, le talent a gagné.

Et le talent c'est l'envie répondait Jacques Brel quand on lui demandait sa définition du talent.

Olivier SECCHI

Inpal ou l'entrepreneur qui chauffe les villes sans réchauffer la planète

« Pourquoi ne pas reprendre la société et essayer de me lancer ? ». Un fils d'ouvriers, comptable d'une filiale d'un groupe en difficulté financière qui produit des tubes pour le chauffage urbain devient, en 2002, patron, chef d'entreprise et actionnaire d'une entreprise de 29 salariés. Pourquoi lui plutôt qu'un autre alors qu'il n'avait pas du tout d'argent ? Parce que c'est lui qui le voulait le plus. Tout ce que fait Inpal se passe sous terre, on ne voit donc pas ce que l'entreprise fait. Mais les générations qui nous succèderont lui diront merci.

Olivier Secchi préfère l'Olympique de Lyon à l'Olympique de Marseille et au PSG. *« Quand Jean-Michel Aulas a repris Lyon, il n'avait pas d'argent. Robert-Louis Dreyfus a mis 200 millions à Marseille sans gagner un titre, Canal+ a dépensé 150 millions à Paris sans un titre. Aulas a réussi à lever 15 millions pour faire ce qu'il a fait, une bonne gestion et des succès incroyables. C'est formidable ».* L'homme qui partage son enthousiasme est au marché des canalisations pré-isolées ce que Jean-Michel Aulas est au foot.

Les tuyaux en acier ne gardent pas la chaleur. Isolés avec de la mousse de polyuréthane, ils la conservent, permettent de faire des économies d'énergie et de réduire l'impact environnemental des réseaux thermiques des villes, des établissements publics et des entreprises. Le groupe propriétaire d'Inpal ne comprend pas la valeur ajoutée de la petite entreprise créée en 1987 par un chimiste lyonnais qui fut parmi les premiers en France à adapter la technologie de la mousse de polyuréthane pour isoler les tubes.
Les hommes sont souvent plus pertinents que les groupes. Olivier Secchi comprend donc que l'entreprise dont il est à l'époque le directeur financier, peut devenir à son échelle un acteur décisif sur le marché de l'équipement thermique écologique. Un seul problème, il n'a pas d'argent. 32 ans et pas d'argent.

Il prend l'annuaire des Pages Jaunes, appelle une quinzaine de fonds d'investissement, Siparex le reçoit et accepte de financer son projet. *« Un actionnaire et un entrepreneur, c'est comme un couple, cela repose sur la transparence, la clarté et la confiance »* reconnaît l'ancien comptable, qui a réussi à racheter la société qui l'employait uniquement parce qu'il le voulait plus, beaucoup plus que les autres candidats. Inpal est alors une petite société de 5 millions d'euros de chiffre d'affaires qui possède une usine en Lorraine.

En 2004, Inpal rachète au groupe Vinci son concurrent Wannitube, 55 salariés, une usine à Sens, 17 millions d'euros de chiffre d'affaires, soit presque le double du sien. Mais la valeur de Wannitube est ailleurs : l'entreprise fabrique des tubes et surtout les installe en livrant à ses clients une prestation clés en mains alors qu'Inpal est un simple fabriquant. Le service ajouté sera la clé du développement de l'entreprise. Les tubes isolants pour les réseaux de chauffage urbain sont des produits invisibles; pour les vendre, il vaut mieux être proche des installateurs ou des exploitants de réseaux thermiques comme Dalkia par exemple, le leader européen des services énergétiques apportés aux collectivités territoriales et aux établissements publics. Olivier Secchi décide donc de quadriller la France en ouvrant des bureaux et en recrutant des commerciaux. Au début, les bureaux sont des appartements loués à Toulouse, Paris, Strasbourg ou Carpentras. Aujourd'hui, le réseau commercial compte 14 agences avec des commerciaux qui se déplacent sur chaque chantier pour évaluer le nombre de tubes à installer, la meilleure installation technique, les coûts de gestion et de maintenance du réseau thermique et les économies d'énergie potentiellement réalisées. C'est avec cette méthode qu'Inpal gagne les contrats pour chauffer les villes de Tours et de Barcelone, le Futuroscope, Eurodisney ou le Centre Pompidou.

Al Gore organise des shows planétaires pour secouer la conscience écologique mondiale et financer sa fondation The Alliance for Climate Protection. L'éco-leader américain aime citer ce vers d'Antonio Machado pour illustrer son sens de l'anticipation, *« Marcheur, il n'y pas de chemin, le chemin se construit en marchant »*.

Pendant ce temps, Olivier Secchi se bat chaque jour, en toute humilité et en toute discrétion, pour chauffer les villes, les usines, les musées sans réchauffer la planète.
« *Il y a un moment où le risque est tellement énorme que l'on devient serein* » confie l'éco-entrepreneur pour résumer son parcours. Un peu de risque inhibe, beaucoup de risque libère.

Didier TRUCHOT et Jean-Marc LECH

Ipsos ou les socio-entrepreneurs hétérodoxes

Deux amis décident de travailler ensemble en 1982 en se jurant que chacun des deux fera et pensera toujours ce qu'il voudra mais ne donnera jamais publiquement tort à l'autre. Leur métier ? Poser les bonnes questions aux bonnes personnes. En 1990, la société fait 100 millions de francs de chiffre d'affaires. En 1999, elle s'introduit en Bourse à 33 euros et demi, s'implante aux Etats-Unis et au Canada. Elle se mondialise avec ses clients, s'installant par exemple à Cincinnati en face du siège de son premier client Procter & Gamble. Poser les bonnes questions aux bonnes personnes, cela peut rapporter gros. En 2007, le chiffre d'affaires d'Ipsos avoisine un milliard d'euros alors qu'il culminait à 100 millions de francs en 1990, l'entreprise est présente dans plus de 50 pays et travaille pour 5000 clients.

« Il n'y a pas assez d'entrepreneurs en France, cela tient au désir de sécurité. Beaucoup de gens cherchent des formes de sécurité avec des rémunérations convenables, l'évolution post-moderne du capitalisme leur a donné le goût des bonus. Cela ne fait pas des entrepreneurs mais des cadres enrichis ».
C'est Jean-Marc qui parle.
« Les débuts d'Ipsos ont été difficiles d'autant qu'initialement j'avais souhaité que Jean-Marc, que j'avais connu à l'Ifop en 1970, nous rejoigne mais il ne l'a fait qu'en 1982 ».
C'est Didier qui parle.

Le premier a commencé comme pigiste engagé par Françoise Giroud à la rubrique des livres politiques de l'Express, après avoir entrepris une thèse sur les mécanismes de pouvoir au sein de la SFIO sous la Quatrième République. Le second a débuté comme vacataire à l'Ifop en 1968 après ses études d'économie et de sociologie.

Les deux hommes qui, les jours heureux, sont indéfectiblement frères et amis et, les jours sombres, simplement amis et frères, partagent, depuis presque trente ans qu'ils travaillent ensemble, au moins cinq principes intangibles.
Egalité professionnelle parfaite, même salaire, même bonus, même participation (principe 1).
Chacun des deux peut ne pas être d'accord avec l'autre mais il s'interdit de le désavouer publiquement (principe 2).
Le management et le capital de l'entreprise seront toujours contrôlés par ceux qui y travaillent (principe 3).
Jamais de successeurs familiaux dans l'entreprise (principe 4).
Pas de vie intime commune en dehors du bureau (principe 5) .
En 1972, Didier quitte l'Ifop, Jean-Marc reste. En 1975, Didier crée Ipsos avec deux collègues de l'Institut de Recherche, Sondages et Etudes Commerciales alors qu'il est interdit bancaire. *« On n'avait pas d'argent, j'étais censé être le gérant de la boîte mais il se trouve que lorsque j'étais salarié d'Ifop en 1971, j'ai fait deux chèques que la banque a refusé et quand on a voulu ouvrir un compte pour Ipsos, toutes les banques ont refusé sauf la Société Marseillaise de Crédit »*. Pendant ce temps, Jean-Marc continue sa carrière à l'Ifop dont il devient président mais avec Jean Riboud comme actionnaire à 100% et son fils Christophe comme directeur général.

En 1982, Jean-Marc s'échappe, retrouve sa liberté, rejoint son ami. Ipsos commence sur le marché en vendant des études sur l'efficacité de l'affichage aux clients, aux agences publicitaires et aux afficheurs. Le principe est simplissime. Il tient en trois questions :
Avez-vous vu cette affiche ?
Pour quelle marque était-elle ?
Aimez-vous cette marque ?
Impact, attribution, agrément, la sainte trinité de la mesure de l'efficacité des campagnes publicitaires est née.

La France, dans les premières années Mitterrand est publiphile, le marché se développe. Il se développe notamment parce que les deux frères socio-entrepreneurs ont une idée géniale pour le développer. Ce qu'ils ont imaginé pour mesurer l'efficacité de la publicité, ils vont

l'adapter à d'autres expertises qui créeront autant de nouveaux métiers. La presse et les médias pour en mesurer l'audience et l'image, l'opinion publique, le marketing des produits et des services, la relation clients, c'est-à-dire l'analyse des relations de fidélité et d'infidélité des consommateurs dans leur histoire d'amour avec les marques.
Cinq expertises dans une même société pour faire la différence avec leurs concurrents internationaux comme Millward Brown, Sofres ou GfK. Cinq nouveaux métiers au point de rencontre entre le capitalisme et la démocratie.

Quel est le point commun entre la démocratie et le capitalisme ? La gestion des stocks.
« Le capitalisme gère des stocks de produits et de services et la démocratie gère des stocks d'idées et de médias » précise Jean-Marc.

Le consommateur et le citoyen ne sont bien sûr pas une seule et même personne mais leur comportement général face au choix et la décision est de plus en plus comparable. Ils sont devenus structurellement infidèles ou seulement partiellement fidèles ; les premiers aux produits, aux services, aux marques, les seconds aux idées, aux élus, aux médias. D'où l'indépassable intervention des socio-entrepreneurs : ils régulent l'inquiétude qui, face à l'imprévisibilité des clients, prend à la gorge les acteurs publics et privés de la société.
Voilà leur contribution essentielle à l'étude des faits sociaux
Certains sociologues orthodoxes la jugent souvent, et de façon aussi expéditive qu' injuste, peu à leur goût.
Mais Jean-Marc et Didier sont bien plus libres que de nombreux orthodoxes. Ils sont si peu orthodoxes que Jean-Marc, quand on lui demande le profil des gens qu'il engage, prend un certain plaisir à répondre *« des gens bizarres, comme dirait Lacan »*.

Dans les années 1990, comprenant que le marketing est en train de devenir le cœur du marché et que le développement de l'entreprise passera par son internationalisation, Ipsos propose aux deux fondateurs de BVA de fusionner. Refus. Les deux amis décident donc de créer le marché plutôt que de le subir. Ils achètent une première société en Italie, étape inaugurale de la conquête de l'Europe par Ipsos.

Carlos Harding, un Chilien en exil depuis le coup d'Etat de Pinochet, devient l'œil international de l'entreprise, *« passant sa vie dans les avions, travaillant seul, Carlos nous aide à identifier les bonnes cibles »*. Pour financer sa croissance internationale, Ipsos a besoin d'argent, les fonds d'investissement lui en apportent.
« S'ils n'avaient pas été là, nous n'aurions pas pu développer la boîte et plutôt que d'avoir un mécène ou un riche fils de famille, c'est plus utile de travailler avec des professionnels de l'investissement » reconnaît Didier. Jean-Marc est un peu plus acide. A l'époque où il réalise que *« Walter Butler veut nous vendre pour faire un coup avec son copain Martin Sorell »*, il se forge une image cliché du financier : *« les financiers ont les yeux surgelés car vous leur parlez avec des mots et ils sortent des calculettes »*.
Mais l'homme est trop habile pour s'arrêter aux clichés. Il sait que les clichés bloquent les images et stérilisent les discours. Chez Ipsos d'ailleurs, les réunions avec les administrateurs et les investisseurs, Eurazeo ou la Société Générale, ne portent jamais uniquement sur les profits et la rentabilité de l'entreprise. Jean-Marc et Didier préfèrent les mots aux calculettes.

En 1999 ils décident d'introduire Ipsos en Bourse.
« Nous allons en Bourse avec l'idée que si cela ne marche pas, on sera une proie facile, que si cela marche, on sera une cible de choix, et que si cela marche très bien, on sera des prédateurs ». Ipsos devient donc prédateur et le prédateur devient mondial. Tout se déroule comme prévu. Parfaitement logique quand on sait que la signature d'Ipsos dit fièrement et partout dans le monde *« Personne n'est imprévisible »*.

Pour entreprendre et réussir, il ne suffit pas d'assumer sa différence, il faut la revendiquer et l'exporter. Comme George Gallup, un des premiers sociologues statisticiens américains a su le faire en prévoyant la victoire de Roosevelt en 1936 ou Jean Stoetzel, son homologue français, en fondant en 1938 l'Ifop.

La même année 1938, Jean Grenier publiait son Essai sur l'esprit d'orthodoxie. La Bible des hommes libres.

« Il suffit de dire ce qu'on pense, sans même outrer sa pensée, pour paraître singulier : à condition de penser quelque chose et non pas à quelque chose » écrivait Jean Grenier.
Aujourd'hui Jean-Marc et Didier continuent le combat.

Jean-Luc BRET

La Croissanterie ou le miracle de la multiplication des pains

Après 8 ans passés à la direction des ventes et du marketing des Pains Jacquet, il invente le Mc Do de la viennoiserie en ouvrant une petite boutique de croissants et de chaussons aux pommes Passage du Havre à Paris en 1977. Quelques pains au chocolat, beaucoup de courage, un peu d'argent pour financer l'ouverture de ce premier magasin, et voilà un entrepreneur heureux. 30 ans après la première ouverture, La Croissanterie possède plus de 160 magasins dans le monde, vise 120 millions d'euros de chiffre d'affaires en 2010 et parie sur l'implantation dans tous les nouveaux lieux d'intense trafic.

En 1977, Jean-Luc Bret constate que la viennoiserie est négligée par les boulangers traditionnels qui concentrent tous leurs talents sur le pain et la pâtisserie. Ils appellent même la viennoiserie « *la bricole* », c'est dire le peu d'attention et d'importance qu'ils lui accordent.
Le croissant et le pain au chocolat font autant partie de notre mythologie que le bifteck et les frites dont parlait Barthes dans Mythologies. *« C'est un bien français. A peine à l'étranger, la nostalgie s'en déclare, le bifteck est ici paré d'une vertu supplémentaire d'élégance, car dans la complication apparente des cuisines exotiques, c'est une nourriture qui joint, pense-t-on, la succulence à la simplicité ».*
Simplicité et « *Chaud tout Chaud* », voilà le programme que Jean-Luc Bret décide d'appliquer à la viennoiserie en ouvrant le premier magasin un matin de 1977 à 7 heures Passage du Havre à Paris. *« Très vite j'ai eu un vrai bonheur à voir toutes ces clientes qui se régalaient chez moi avec un chausson aux pommes tout chaud ».* Pendant 18 mois, Jean-Luc Bret fait cuire lui même ses croissants et les vend en boutique le matin, le midi et l'après-midi à l'heure du goûter.

En 1979, c'est l'inauguration du Forum des Halles qui rend le concept très populaire. A l'ouverture de ce centre commercial au cœur de Paris ainsi modernisé, le magasin La Croissanterie est celui où chaque jour,

du matin 8h au soir 20h, patiente une file d'attente interminable.
La recette paraît simple. La production de la viennoiserie faite sur place permet de vendre des produits illustrant le slogan « *Chaud tout Chaud* ».
Plus tard, pour installer la notoriété de la marque, lorsque TF1 lance sa première édition matinale avec Jean-Claude Narcy, c'est bien sûr La Croissanterie qui organise les petits déjeuners.
Le concept pionnier grandit à Paris et très vite en province. A partir de 1985 la formule s'adapte en fonction des cultures culinaires pour s'installer en Espagne, Irlande, Portugal, Italie.

La Guerre du Golfe et la crise de la consommation de 1992 oblige l'entreprise à se repositionner. Pour rebondir, elle doit réactualiser son concept, avec trois maîtres mots : élargissement de sa gamme de produits à des sandwichs et des salades pour se placer plus encore sur le marché du déjeuner; défense et illustration des goûts naturels comme en attestent les mélanges coppa et reblochon ou l'introduction des tomates grillées dans les sandwichs; renouvellement des produits. C'est la nouvelle politique de La Croissanterie qui s'adapte en permanence aux nouvelles tendances alimentaires : « *70 % des produits que je vendais il y a 5 ans, je ne les vends plus et 100% des produits que je vends aujourd'hui, je ne les vendrai plus dans 5 ans* ».

A partir de 2000, Jean-Luc Bret passe à la vitesse supérieure en faisant entrer au capital Barclays Private Equity qui lui donne les moyens de développer le concept dans la durée. « *Un bon fonds d'investissement, ce sont les moyens financiers pour le développement sans la volatilité de la Bourse et avec la sérénité donnée par le temps* ».
Le premier LBO en 2000 avec Barclays Private Equity permet à 7 managers de devenir actionnaires ; ils seront 14 lors du second en 2006 avec Pragma Capital. Ce nouvel effet de levier sur le développement va permettre en 10 ans de multiplier par quatre la valeur de l'entreprise, mais, comme aime le rappeler Jean-Luc Bret « *cette croissance repose sur les hommes qui constituent l'équipe de management. Ce sont eux qui trouvent les idées de développement* ».

S'il n'avait pas été entrepreneur, le fondateur de La Croissanterie aurait été agriculteur. Il a gardé de sa vocation contrariée le bon sens qui fait

aussi le bon entrepreneur *« de la rigueur dans la gestion, de la rondeur dans les relations commerciales et une pointe d'innovation »*.
Quoi que l'on fasse, il faut aller jusqu'au bout de chaque chose de toutes ses forces. Les miracles sont à ce prix. Les réussites aussi.

Hervé DESCOTTES

Le Tanneur ou la résurrection d'un maroquinier centenaire

A la recherche d'une affaire à reprendre, un cadre de 33 ans de Burton en quête d'autonomie, passe une annonce dans Valeurs Actuelles. Il reçoit 99 réponses. Il n'en retient aucune mais démissionne pour «avoir le temps de traiter les réponses » avoue-t-il rétrospectivement. En vain. Un jour, on lui présente la fille de quelqu'un qui a une petite affaire de maroquinerie. En 1980, Andrelux, la société fraîchement reprise par Hervé Descottes fabrique des articles en cuir en sous-traitant pour les maisons de luxe. Dix ans plus tard, elle fera 650 millions de francs de chiffre d'affaires dont 200 avec la marque le Tanneur. Aujourd'hui, l'inventeur centenaire du premier porte-monnaie sans couture, introduit en Bourse en 2000, se prépare à ouvrir des magasins au Japon et en Russie.

« On a fait un peu table rase du passé de fabricant. Le fil conducteur n'est plus sur le produit uniquement mais sur la façon de le vendre, c'est-à-dire sur la distribution » reconnaît l'homme qui a sauvé une des plus vieilles entreprises de la maroquinerie française.
Du passé, faisons table rase. Le mot d'ordre révolutionnaire serait-il aussi celui des entrepreneurs ? Pas tout à fait.
Si les produits Le Tanneur ont réussi à réinventer leur avenir sur le marché du luxe contemporain, c'est bien grâce à leur savoir-faire historique. Mais, moins prestigieuse que ses concurrents, sellier comme Hermès, ou malletiers comme Lancel et Vuitton, la marque est devenue petit à petit le symbole du charme discret de la bourgeoisie. Fascinés par les stars mondiales du luxe glamour cosmopolite, les marchés se sont progressivement détournés de la marque reléguée au rang plus modeste de label de qualité et distribuée chez les détaillants multimarques. A partir des années 80, la marque Le Tanneur a perdu son aura et, ayant raté la grande mutation des marchés du luxe, s'est étiolée lentement, victime de son réseau de distribution traditionnel.
Jusqu'au jour où Hervé Descottes l'a sortie de la nuit profonde dans

laquelle elle s'enfonçait. En retrouvant l'énergie et l'audace qui l'avaient portée au cours de son histoire.
En 1898, un maroquinier et un tanneur s'associent et déposent un brevet pour fabriquer un porte-monnaie sans couture. Audace. En 1900 à l'Exposition Universelle, la marque le Tanneur est distinguée par une médaille d'argent pour son innovation. Pendant la première guerre mondiale, la marque fabrique des bandes molletières, des ceinturons, des cartouchières en cuir pour les soldats. Dans les années 30, Le Tanneur diversifie sa production et invente la maroquinerie industrielle. Elle sera la première à lancer le sac en cuir pour homme. Audace encore. En 1960, la marque est la première à recouvrir les murs des maisons et des fermes de France de panneaux publicitaires clamant *« Le Tanneur, les beaux cadeaux en cuir ».* Audace toujours.
Mais dans les années 80, l'entreprise est prise de vitesse par les mutations et l'internationalisation des marchés du luxe.
En 1985, l'affaire Le Tanneur dépose le bilan et s'apprête à fermer ses deux usines dans l'Ain. Hervé Descottes la rachète en s'associant avec un groupe papetier américain. Quatre ans plus tard, il fait entrer la famille Vuitton au capital de Le Tanneur pour reprendre la participation américaine. En 1993, en désaccord avec ses associés sur la politique de développement à mettre en œuvre, il cède sa participation et quitte l'entreprise.
Ironie de l'histoire : en 1997, il est rappelé par ses anciens associés pour racheter Andrelux, la première petite affaire de maroquinerie qu'il avait achetée en 1980 et qui connaît alors de graves difficultés. Finalement, Andrelux dépose le bilan. Comme Le Tanneur en 1985. Une fois de plus, Hervé Descottes va racheter l'entreprise. Et la relancer sous le nom de Le Tanneur et Cie. Avec le double soutien d'une société d'investissement en capital, Développement et Partenariat, et de LVMH qui s'engage par une lettre adressée au Tribunal de Commerce à lui redonner du travail s'il reprend l'affaire.
Les 400 personnes de l'entreprise Andrelux sont sauvées. Hervé Descottes a les mains libres pour faire les choses comme il l'entend, c'est-à-dire en profondeur. Il concentre ses investissements sur deux marques, Soco et Le Tanneur, se débarrasse d'Upla et des licences. Il transforme progressivement l'entreprise en chaîne de distribution d'articles de mode avec 20 magasins en propre et 20 en franchise, attaque

le marché des grands magasins au Japon. En un mot il refonde le modèle de l'entreprise autour d'une nouvelle ambition: devenir une des références internationales du luxe accessible. « *Ce qui nous différencie, c'est un rapport optimal entre la qualité de nos produits, leur créativité et leur prix. Notre combat est un peu celui de Canada Dry, cela ressemble au luxe mais ce n'est pas du luxe* ». Les beaux cadeaux en cuir Le Tanneur dont le slogan publicitaire des années 60 vantait les mérites à côté d'autres légendes nationales comme la Suze, Byrrh, Cinzano ou Dubonnet sur les murs des maisons et des fermes de France, ont été le fer de lance du redéploiement d'une entreprise que tout le monde jugeait perdue il y a 20 ans.

En parlant des films de Lubitsch, Billy Wilder disait « *Il y a ceux qui expliquent que 2 et 2 font 4, d'autres que 3 et 1 font 4, Lubitsch disait 2 + 2 et laissait le spectateur faire l'addition* ».
Hervé Descottes a des principes d'entrepreneur très simples. Ne pas hésiter. Trouver la bonne stratégie mais surtout son excellente exécution. Toujours regarder son entreprise comme un artiste regarderait une toile blanche, en sachant que tout est possible. Quand il a repris la société, son chiffre d'affaires plafonnait à 20 millions d'euros. Aujourd'hui, il tourne autour de 50. Faites l'addition.

Eric BROUSSE

Marie Brizard ou le coup d'éclat d'un Socrate agronome

Un alcool légendaire était en perdition. Un ingénieur agronome le sauve et en fait la pierre fondatrice d'une nouvelle grande entreprise de vins et de spiritueux.

« D'une boîte qui en 2001 ne gagnait rien et était surendettée, on a fait une entreprise qui, trois ans après, n'a plus de dettes, a la confiance de ses actionnaires et génère 350 millions d'euros de chiffre d'affaires ». Contrairement aux apparences, l'homme qui parle n'est pas un pur financier. C'est un pur passionné qui a consacré sa vie aux vins et aux spiritueux. Un ingénieur agronome fier de sa formation et très lucide sur les effets pervers du système français des grandes écoles : *« quand on sort d'une grande école, on pense qu'on peut tout faire tout seul ; quand on sort de l'Agro, au moins, on sait qu'on ne sait rien, on sort juste avec une certitude, c'est qu'on peut tout acquérir et qu'à force de méthode et de rigueur, on peut déplacer des montagnes et obtenir le meilleur, même de ceux qui semblent a priori ne pas être à leur place ».*

Eric Brousse, c'est Socrate agronome
A 25 ans, il monte à Marseille une petite affaire de surgelés en vente directe. Ce n'est pas Picard mais cela aurait pu l'être si Casino n'en avait pas décidé autrement. Le groupe stéphanois qui possède à l'époque les marques Quick et Hippopotamus cherche, en effet, quelqu'un pour monter avec Georges Plassat une centrale d'achats restauration. Le jeune ingénieur agronome entre en 1985 au siège de Casino comme responsable des achats restauration. Très vite, on lui confie la direction d'une société d'embouteillage qui travaille pour tous les vins à la marque Casino, les Chais Beaucairois. Il apprend à négocier avec les distributeurs anglais et allemands, Tesco et Aldi, des énormes volumes de vin de l'Hérault, les commandes se multiplient, il développe le centre d'embouteillage de Beaucaire, puis la direction de Casino lui demande de restructurer les autres sites du groupe, à Lyon, à Troyes et

à Dijon. Bientôt, il ajoute à sa casquette de patron des Chais Beaucairois, celle de directeur des achats liquides pour tout le groupe Casino. En 1991, Yves Guichard lui fait gagner encore une nouvelle casquette. Il devient en même temps Monsieur vin, Monsieur chocolat et confitures et Monsieur café. Monsieur vin comme patron des Chais de Beaucaire, Monsieur chocolat et confitures comme patron de la Société Alimentaire du Forez, l'usine historique de Casino, Monsieur café comme patron d'une petite usine de torréfaction marseillaise qui produit les cafés à la marque Casino.

Quand la famille Guichard mandate la banque Lazard pour vendre les usines de chocolat de confitures et de café, Eric Brousse convainc les entrepreneurs stéphanois de garder les Chais de Beaucaire. Il n'a donc plus que deux casquettes, celle de patron du centre d'embouteillage des vins à la marque Casino, celle de directeur des achats liquides du groupe. C' est en cette double qualité qu' Yves Barsalou ,président du Crédit Agricole et, par ailleurs, créateur de Val d'Orbieu, le premier groupe coopératif français de vins, s'intéresse à lui pour muscler la gestion de son entreprise.

Sceptique sur l'avenir d'une gestion efficace d'une structure coopérative, Eric Brousse conseille à Yves Barsalou de racheter Listel, une marque forte autant qu'une affaire rentable et structurée. Le banquier suit et propose à son conseiller de fraîche date de prendre la direction générale de l'ensemble.
Au revoir Messieurs Guichard et Plassat, au revoir Casino, Brousse démissionne en 1994. Bonjour Narbonne, siège de la coopérative Val d'Orbieu. D'un côté, il faut gérer les producteurs qui sont actionnaires de la holding tout en lui vendant leur vin, de l'autre il faut désendetter et développer la marque Listel, 2000 hectares de vigne, tout récemment rachetée aux Salins du Midi. En deux ans, le groupe coopératif devient le second négociant français juste derrière Castel. Val d'Orbieu fait 600 millions de francs de chiffre d'affaires dont 80% à l'export et Listel, 400, dont seulement 10 % à l'export. Yves Barsalou a détrôné Yves Guichard dans le cœur d'Eric Brousse *« mes relations avec lui étaient excellentes, il me faisait rencontrer des types fabuleux car je ne suis pas un homme de réseau, nous les invitions en Camargue chez*

Listel ». Pour parfaire la lune de miel avec son nouveau président, l'agronome entrepreneur propose de racheter Cordier, une marque haut de gamme de vins de Bordeaux, requalifiant ainsi par l'alliance du Languedoc et du Bordelais l'image du groupe notamment à l'international. L'offensive en Aquitaine est payante et dans l'enthousiasme, une société de négoce bordelaise possédant 400 hectares de vigne est rachetée en partenariat avec la famille ex-propriétaire de la marque de montres Tag Heuer qui devient à cette occasion actionnaire à 50 % de la partie bordelaise du nouveau groupe. En 2001, l'harmonie est brisée. *« Yves Barsalou qui venait de quitter la présidence du Crédit Agricole s'est mis à vouloir se mêler de tout, logique pour un homme de 70 ans qui veut rester actif ».*
Les entrepreneurs comme les hommes de Romain Gary ont souvent du mal à accepter qu'au-delà d'une certaine limite, leur ticket ne soit plus valable. Et plus ils rechignent à lâcher prise, plus ils précipitent la ruine de ce qu'ils ont pourtant créé avec passion. Les deux hommes qui ont construit ensemble un groupe viticole inédit et performant ne sont plus d'accord sur rien, ni la stratégie de croissance, ni l'actionnariat, ni la restructuration capitalistique. Eric Brousse démissionne.

Travailler 10 ans avec un actionnariat familial, comme lui avec les Guichard, puis encore 10 ans avec un actionnariat coopératif, cela peut donner envie d'essayer d'autres rapports entre le capital et le travail. Les fonds d'investissement par exemple. Mais sans vision, l'argent est aveugle. Cela tombe bien, Eric Brousse a la sienne : la France n'a pas les entreprises de vins et de spiritueux à la hauteur de son rang de premier producteur mondial ; le business reste régional, familial, corporatiste, sectaire et même conventionnel, archaïque, scolastique, byzantin. On se gargarise d'appellations au lieu de créer des marques fortes, on défend son bout de terroir au lieu de penser au grand large, on entretient un savoir initiatique au charme désuet qui permet à des spécialistes de rivaliser d'anecdotes sur les domaines, les cépages et les crus au lieu de penser à développer des entreprises ambitieuses. Eric Brousse a une vision, Frédéric Chauffier, un des patrons de Duke Street Capital, a un dossier : Marie Brizard.

Le spécialiste des liqueurs créé en 1755 fait bien plus que des liqueurs, il possède aussi une marque de boissons concentrées, Pulco, le Gin

Old Lady, la distribution du rhum La Mauny et depuis le rachat à prix d'or du groupe marseillais Berger, des sirops, des pastis, du cognac, des mousseux.
A la suite d'erreurs stratégiques qui valent beaucoup d'argent à l'entreprise, notamment au moment de l'intégration du groupe Berger, les descendants de Marie Brizard, la famille Glotin, perdent, en 1998, le pouvoir au profit des banques qui repassent assez vite le dossier à Duke Street Capital. Son expérience des Chais Beaucairois, à l'époque où il travaillait pour les Guichard, revient avec la force de l'évidence à l'esprit d'Eric Brousse qui propose à ses investisseurs de racheter à Casino son ancien outil de production industriel. Le jour de ses 50 ans, la passation de pouvoir est faite, Eric Brousse fait partir les barons de l'ancien régime, met en place ses équipes dans sa nouvelle entreprise dont la dette s'élève à 120 millions d'euros. Vend un immeuble de 3000 m^2 au cœur de Bordeaux et une usine en Espagne inutilisée depuis 8 ans. Allège les coûts de structure, finalise avec Casino le rachat des Chais Beaucairois pour 22, 5 millions d'euros en le finançant pour moitié par la revente de l'activité mousseux à Kriter, transfère la production et la ligne d'embouteillage de l'usine des sirops et des pastis Berger installée dans un parc de 5 hectares à côté de Orly pour l'intégrer dans la nouvelle usine des Chais Beaucairois récemment modernisée pour l'occasion, redonne envie à tous les salariés de travailler ensemble. En 2003, la taille de l'entreprise a doublé et elle est restructurée de fond en comble.
« Il me manquait encore une vache à lait ». Joli paradoxe pour un homme qui a consacré sa vie aux vins et aux spiritueux. C'est William Pitters, un autre producteur de whiskies et de spiritueux qui va jouer le rôle de la vache à lait. La vache coûte 120 millions d'euros à Marie Brizard qui va désormais pouvoir traire, entre autres, la marque de whisky la plus vendue en France, William Peel, 14 millions de bouteilles par an.

Enivrez-vous, de vin, de vertu ou de poésie mais enivrez-vous. En plus des conseils des Plassat, Guichard ou Barsalou, Eric Brousse a écouté Baudelaire. Il s'est enivré de travail, de méthode et de passion, sa façon à lui de rendre hommage au plaisir dont le grand siècle fut le 18ème siècle. Car de mémoire, c'est en 1755 que Marie Brizard créa sa liqueur.

Marc SIMONCINI

Meetic ou la révolution de la rencontre en ligne

Il a créé un nouveau marché en 2002. En inventant tout simplement l'un des business models les plus parfaits sur internet. Avant lui, les trentenaires pensaient que les sites de rencontres étaient une obsession de seniors en mal d'amour. Désormais, les trentenaires ne pensent qu'à Meetic. 30 millions de personnes inscrites depuis la création du site, 10 millions de visiteurs par mois sur les sites dans 15 pays d'Europe, 500 000 abonnés payants actifs en 2007. Marc Simoncini dit de son histoire «c'est extraordinaire, je suis comme un enfant, tout est possible et en plus on rigole tout le temps. »

Meetic aurait pu s'appeler Soon. Mais Marc Simoncini au dernier moment, alors qu'il avait pensé tout le projet avec le nom Soon en tête, décide de rebaptiser la marque. Soon veut dire *« bientôt »*, soit une promesse différée. Or la rencontre n'attend pas. Et le rêve de toute rencontre, c'est qu'elle soit mythique, qu'elle soit à l'origine d'une nouvelle histoire comme les mythes sont à l'origine de la naissance du monde. L'entreprise ne s'appellera donc pas Soon mais Meetic.
Rencontrons-nous hic et nunc, ici et maintenant.

C'est une circonstance tout à fait ordinaire qui décide de la naissance de Meetic. Un simple dîner d'anniversaire de mariage au cours duquel les quelques copains trentenaires divorcés invités par le futur entrepreneur se lamentent. Ils ne trouvent personne et sortent de moins en moins. Les plaintes et les lamentations sont généralement solubles dans la fête. Mais tous les lendemains de fête ne se ressemblent pas. Ce matin-là, Marc Simoncini se dit *« si mes trois copains célibataires me disent qu'ils ne trouvent personne à moi qui ne connaît pas grand monde, c'est qu'il doit y avoir des millions de gens dans le même cas »*.

L'entreprise Meetic est née ce matin-là. Dans la seule tête d'un jeune homme, un lendemain de fête. Pendant deux mois, le petit prince de la

rencontre va travailler son intuition avec *« un gars du marketing et un gars de la technique ».* Le 1er janvier 2002, la première version du site est ouverte : même si on ne peut pas encore l'utiliser, on peut déjà s'y inscrire. L'ancien étudiant de l'Ecole Supérieure d'Informatique qui a préféré ne pas aller jusqu'au bout de sa scolarité après son premier stage, ne sait pas encore que 5 ans après la création de l'entreprise, 30 millions de personnes seront inscrites sur Meetic.
C'est bien un stage qui a décidé de son destin d'entrepreneur. *« J'étais stagiaire dans une start-up, on faisait du on-line, on travaillait et on vivait au bureau, c'était une ambiance extraordinaire. Quand vous avez mis le doigt dans une start-up, vous rêvez d'en avoir une à vous tellement l'ambiance est extraordinaire ».* En 1989, la preuve est faite par iFrance, un premier portail Internet créé par l'entrepreneur pressé et revendu à Vivendi en 2000. En 2003, le stagiaire qui aimait les start-up, est à la tête de Meetic qui fait déjà 10 millions d'euros de chiffre d'affaires. Et qui va doubler chaque année. *« Passer de 10 à 350 personnes, c'est forcément cosmique ».* En 5 ans l'entreprise déménage trois fois, ouvre en Espagne, en Italie et convertit très vite à la rencontre en ligne les autres pays européens. A l'exception du pays de Socrate et de Platon. L'introduction en Bourse en 2005 permet à Meetic de lever 80 millions d'euros et de racheter quatre sites, en Chine, au Brésil, en Hollande, en Angleterre. L'Angleterre est le cheval de Troie du marché anglo-saxon. En laissant entrer Meetic en Angleterre, le leader mondial de la rencontre, l'américain Match.com fait une grosse erreur stratégique. Car c'est de sa base anglaise que Meetic rachète à la barbe des Américains le plus gros site anglais de rencontres, Dating Direct, et ses quatre millions de membres.

Sous le choc, le plaisir. Et sous le succès cosmique de Meetic cinq idées géniales.
Vendre un contenu sans avoir à le produire.
« Déringardiser » le marché de la rencontre en le débarrassant des clichés du marché aphrodisiaque et de tout son imaginaire caricatural.
Crédibiliser l'entreprise en faisant entrer AGF Private Equity au capital pour que personne ne puisse jamais réduire Simoncini et sa bande d'internautes à une bande d'allumés érotomanes.
S'introduire en Bourse pour financer son développement.

Et enfin, cinquième idée géniale : ne pas vendre de l'amour comme son concurrent américain mais de la rencontre. Il ne faut jamais se tromper de promesse : promettre des rencontres n'est pas promettre l'amour. Les chiffres parlent *« Il y a un client sur cent de Match.com qui tombe amoureux alors que 80% des clients Meetic font des rencontres »* rappelle, triomphant, Marc Simoncini.
Comme il est beaucoup plus facile de faire des rencontres que de trouver l'amour, Meetic satisfait pratiquement tous ses clients là où Match.com frustre souvent les siens. Une rencontre réussie, tout le monde comprend. Qui en revanche est capable de dire de quoi est fait un amour réussi ? L'amour, disait Lacan, c'est donner ce qu'on n'a pas à quelqu'un qui n'en veut pas. Même sans être lacanien, on peut donc comprendre pourquoi il est plus intelligent de promettre une bonne rencontre qu'un grand amour.
Le plaisir de la rencontre contre le dogme de l'amour, c'est exactement la différence culturelle entre le challenger français du marché de la rencontre et le leader américain.
Promettre la rencontre, c'est donner une chance à la légèreté, au hasard, à la grâce de changer peut-être le cours d'une vie. C'est rappeler à chacun qu'il peut toujours se laisser dérouter, surprendre, séduire, trouver ou retrouver le sens du jeu et de la joie. *« Crains le bonheur, c'est le deuil de la joie »* écrivait Malcolm de Chazal.
Promettre l'amour au contraire, c'est vendre le mythe de l'âme sœur comme anxiolytique, c'est cultiver la légende de l'union parfaite ou de la fusion totale, c'est vendre de la consolation amoureuse à tous ceux qui ont peur de la vie, avec tout ce qu'elle a de spontané, d'incertain et d'incalculable.
Promettre l'amour, c'est vendre du pathétique sur un mode solennel. Promettre le plaisir, c'est donner à consommer du futile sur un mode ludique, c'est renoncer à vouloir saisir, contrôler, s'approprier, posséder l'autre.

Deux marchés différents donc, deux modèles diamétralement opposés que ceux de Meetic et de Match.com. *« Nous sommes français, donc quand on parle d'amour, on s'y connaît mieux, jamais on ne promettra sur Meetic de tomber amoureux »* assène fièrement Marc Simoncini. Un vrai direct du droit contre Match.com dans le match de boxe qui les oppose sur le ring mondial du marché de la rencontre. Le géant du Texas essaie de s'attaquer au marché européen depuis 4 ans. En vain. La délicatesse de la rencontre tient tête à la grossièreté du marketing de l'amour qui propose à ses clients qui ne tomberaient pas amoureux de les rembourser.

Depuis qu'il a créé Meetic, deux choses seulement n'ont pas du tout fait rire celui qui déclare travailler en rigolant tous les jours.
La première fois, ce fut lorsqu'il croisa un couple qui lui expliqua dans un débordant élan d'amour que le site avait permis leur rencontre et qu'en témoignage de leur reconnaissance éternelle, ils avaient décidé d'appeler leur enfant Meetic.
La deuxième fois, ce fut suite à une couverture de Libération qui présentait ainsi l'entreprise *« Boîte française, numéro 2 mondial, basée à Paris avec un patron qu n'est pas en Belgique et qui paie son ISF en France ».* Une semaine après, Marc Simoncini était l'objet de cinq contrôles : fisc, Urssaf, Lutte contre la fraude, UFC-Que Choisir et Haute Autorité contre la discrimination.
En France, on est plus doué pour comprendre les règles du jeu de l'amour et du hasard que pour développer la liberté d'entreprendre.

Christophe CREMER

Meilleurtaux.com ou la très utile invention du crédit en ligne

Avant, on avait des lignes de crédit. Maintenant, on a le crédit en ligne. En 1999, il est le premier à imaginer un nouveau service sur Internet : aider les particuliers à obtenir les meilleures conditions possibles de financement pour leurs projets immobiliers. Il fut le premier, il l'est resté.
Christophe Crémer commence à la Citibank, monte une société de logiciels de gestion pour les PME. Sa lucidité l'a toujours poussé à fuir les structures classiques
« Ce qui donne le spleen dans une organisation, c'est de se dire que tout continue comme s'il ne s'était rien passé quand on s'en va ».
Au début, les banques font de la résistance. Petit à petit, elles réalisent qu'elles ne peuvent pas se permettre de former des milliers de collaborateurs à l'évolution des taux et du contexte financier. Le combat est gagné. Le fondateur de Meilleurtaux.com peut rêver que son entreprise devienne le « frigidaire » du prêt immobilier, non pas au sens où elle conserverait les meilleurs taux au frais, mais parce qu'elle deviendrait une référence universelle et étendrait son expertise au crédit à la consommation et à l'assurance-vie.

« Notre métier, c'est de dire à nos clients si telle ou telle banque est actuellement la meilleure pour financer son projet immobilier ». Le site ouvre le 18 novembre 1999.
Il compare les taux révisables et les taux fixes sur 15, 20 ou 30 ans, calcule les mensualités de remboursement, simule les capacités d'endettement, informe, conseille, c'est un simple courtier mais ce n'est pas un courtier comme les autres puisque tout se passe en ligne.

Dans tous les pays du monde, les courtiers en prêts immobiliers sont légion et ont souvent des parts de marché très importantes mais la France qui aime cultiver les exceptions ne fait pas la part belle aux courtiers. Ils détiennent à peine 20% du marché mais surtout, ils trait-

ent traditionnellement les dossiers de clients qui ont une capacité de crédit moyenne. Meilleurtaux.com va d'emblée élargir le marché en s'intéressant à tous les particuliers qui ont un bon dossier. Le courtier en ligne fait donc gagner ses lettres de noblesse au métier de courtier tout court.
Nos compatriotes, peu multi-bancarisés contrairement aux Anglo-saxons, n'ont ni une grande culture ni une grande pratique des courtiers.

L'entreprise de Christophe Crémer et de son associé qui le rejoint en 2000 va révolutionner la culture nationale du courtier en lui donnant un nouveau rôle : au lieu de rester l'auxiliaire bienveillant mais pas nécessairement très compétent des emprunteurs à faible potentiel, le courtier devient un vrai gage d'indépendance et d'objectivité pour aider les particuliers à s'orienter dans la jungle des tarifs et des services bancaires.
Un contre-pouvoir à celui des banques est enfin possible et nul n'ignore à quel point les Français sont attachés aux contre-pouvoirs.

En 2000, le site traite environ 44 000 dossiers, comme l'année suivante, malgré des dépenses publicitaires de 10 millions de francs sur Internet et dans la presse.
En 2001, pour conjurer les a priori culturels nationaux sur le métier de courtier et accélérer la pénétration du marché, Christophe Crémer décide d'ouvrir une agence. Une vraie agence, pas en ligne mais dans la rue. Très subtile ruse pour convertir les banques qui sont encore réticentes aux transactions en ligne.

Quand il ouvre sa première agence à Lyon, l'entrepreneur a l'impression d'inaugurer l'Empire State Building.
Quand le Crédit du Nord devient son premier partenaire bancaire, il ressent la même chose.
En 2006, le site traitait 360 000 dossiers et en 2007, 420 000.
En 2007, Meilleurtaux.com aura 52 agences.
« Pour être patron, il faut être bon 5 fois :
bon en marketing,
bon en commercial,
bon en finances,
bon en ressources humaines,

bon en technique,
et comme il est exceptionnel qu'un seul homme cumule toutes ses qualités, il faut trouver les bons associés ».

« Il y a pour les hommes deux péchés capitaux, d'où découlent tous les autres : impatience et paresse; l'impatience les a fait chasser du Paradis, la paresse empêche qu'ils reviennent » écrit Kafka dans ses Réflexions sur le péché, la souffrance, l'espérance et le vrai chemin.

Jamais impatient, jamais paresseux, ou comme il se décrit lui-même *« hyperactif, travailleur, pragmatique et humble »,* Christophe Crémer n'a vraiment souffert qu'un seul jour dans sa vie. Ce fut un soir de panne informatique.
L'homme qui vénère Michael Dell, Steve Jobs, Jack Welsh et Bill Gates pense qu'en France une vraie étape sera franchie le jour où les entrepreneurs auront droit à l'échec.
En attendant, ses clients et ses collaborateurs sont contents, ses investisseurs aussi.
Les courtiers de Balzac ont vieilli. En devenant salariés de Meilleurtaux.com, ils ont gagné leurs titres de modernité.

Yoav COHEN

Nessink ou l'homme qui convertit les cartouches de poudre en cartouches d'encre

Quand il débarque en France à 13 ans, il a déjà connu deux guerres en Israël. Il apprend le français en rentrant en 6ième. Après le dépôt de bilan de son employeur Métrologie, il décide de reprogrammer sa vie. Il crée son entreprise en 2002 à 39 ans. Il est aujourd'hui un des premiers grossistes de cartouches d'encre et d'accessoires pour toutes les imprimantes. Et comme il se vend aujourd'hui plus d'imprimantes que de PC, le marché est devant lui.

« Vous savez comment cela se passe en Israël, on n'a pas le droit de baisser la garde, c'est cette éducation qui m'a permis d'avancer ». Nathan, Simon, Sacha sont les trois fils de Yoav Cohen. Le père rajoute aux initiales de leurs trois prénoms le mot « ink », encre, sa spécialité : il vient de trouver le nom de sa société Nessink. Ness veut dire miracle en hébreu et chance en arabe. Son métier ? Etre la courroie de transmission entre les constructeurs comme Hewlett-Packard, Lexmark, Canon et les revendeurs qu'ils soient des grands distributeurs comme la Fnac, Darty, JPG, ou JM Bruneau ou des petits points de vente locaux. Un métier avec une pression comptable monstrueuse car les fabricants de cartouches d'encre font payer l'acheteur en 7 jours alors que les clients de celui-ci ne le paient qu'à 45 ou 60 jours.

Yoav Cohen ne pratique pas son métier tout à fait comme les autres. Il achète mieux que ses concurrents *« j'ai mon réseau international de traders qui achètent pour moi dans les pays où la cartouche est vendue moins chère ».* Et il comprend, plus vite que les autres, que le marché en développement pour les constructeurs d'imprimantes est celui des petits et moyens revendeurs. Les marques Fnac ou Darty ont beau être très puissantes, elles ne sont pas partout. Le petit papetier du Lot ou son homologue du Calvados ont besoin d'être livrés aussi vite, même si c'est pour seulement 10 ou 20 cartouches d'encre. Quand il crée son entreprise, ses deux qualités, acheter mieux et connaître parfaitement le business des petits et moyens revendeurs, font la différence. Comme il parvient à récupérer, à l'exception de HP, les contrats qu'ils avait signés avec ses grands fournisseurs à l'époque où il travaillait pour Métrologie, Nessink termine l'année 2003 avec 10 salariés et 20 millions d'euros de chiffre d'affaires.

En 2006, avec le soutien des investisseurs d'Aurel Nextstage, il rachète IsaFrance, le premier grossiste français travaillant principalement pour la grande distribution, Carrefour, Auchan, Cora, Leclerc ainsi que les grands comptes. Pour Yoav Cohen, c'est une chance unique de conjuguer le marché des petits et moyens revendeurs qui est son terrain de jeu naturel avec les volumes de la grande distribution. Soit un formidable accélérateur pour développer Nessink. *« Ce rachat ne s'est pas fait sans mal, l'administrateur du Tribunal de Commerce me donne un avis favorable pour le rachat. Mais il revient sur son avis et après une plaidoirie de trois heures au Tribunal, il opte pour le dépôt de bilan d'IsaFrance en me disant que nous ne sommes pas fiables ».*

L'espace d'un instant, Yoav Cohen ne croit plus au miracle ni à la chance. Il se sent juste seul, atrocement seul.
« C'est très dur, vous rentrez le soir complètement vidé, vous ne pensez qu'à une chose, vos équipes et alors vous vous dites que vous ne pouvez pas baisser les bras ». Le roi de l'encre alerte donc le monde entier, le sénateur et les députés de la Meuse, les journaux. Il faut sauver IsaFrance et ses 45 salariés. A force de convictions et de mobilisation générale, la reprise est finalement décidée.
Yoav Cohen part à Bar-le-Duc rencontrer les salariés de la société rachetée qu'il voit un par un pour leur expliquer qu'il ne délocalisera pas l'entreprise. Et que, par ailleurs, il leur propose de passer aux 39 heures et de les payer à 120 %.

Possédant désormais avec IsaFrance un canal de distribution complémentaire, l'entrepreneur organise son nouveau réseau bicéphale de vendeurs autour de deux sites, l'un dans la Meuse, l'autre en Ile-de-France, avec deux logistiques séparées.

Le groupe revend aujourd'hui environ 300 000 cartouches par mois pour un chiffre d'affaires de 140 millions d'euros sur un marché en croissance de 20% en moyenne chaque année.

« Quand je suis arrivé en France, je ne pensais pas à l'intégration, j'ai toujours eu un autre terme qui s'appelle la survie ».
Yoav Cohen est une de ces personnalités que Boris Cyrulnik appelle des résilients. Le résilient rebondit là où d'autres s'écroulent, la difficulté le rend plus fort, l'épreuve libère ses talents au lieu de les inhiber. Le résilient, c'est l'individu qui trouve la force de n'être jamais broyé par le système. Pour entreprendre, il faut être un peu résilient car *« pour créer des richesses en France, il faut se battre en permanence contre le système bancaire ou l'administration ».*
L'homme qui avoue très modestement que sa jeunesse a été un peu perturbée et qu'il a dû se battre mille fois plus que d'autres est devenu le roi de la cartouche d'encre. Il ne s'est pas rendu au verdict du Tribunal de Commerce de Nancy, appliquant ainsi le conseil de Kafka, *« ne te rends jamais à un tribunal dont tu ne reconnais pas le verdict ».*

Loin des guerres de son enfance mais profondément meurtri par elles, il a converti les cartouches des armes en cartouches d'encre.
Les premières tuent, les secondent laissent des traces et Yoav Cohen sait que l'homme est une trace ineffaçable laissée dans un livre très ancien pour marquer son alliance avec Dieu.

Michele GARUFI

Nicox ou l'homme qui traquait les nouvelles molécules

Un chimiste italien aurait pu rester manager dans l'industrie pharmaceutique. Salaire confortable, risque zéro. Il décide au contraire de mettre tout son argent et toute sa vie dans la création d'une des premières sociétés européennes de biotechnologie.

Le Naproxcinod est un médicament. L'Europe arthrosée, soit presque 40 millions de personnes pour les cinq pays européens les plus peuplés, pourra bientôt lui dire merci. Elle connaîtra, ce qui lui fera le plus grand bien, un nouvel élan. Et quand le monde entier souffrira moins de l'arthrose, demain sera peut-être enfin un nouveau genre humain. Mais ne comptez pas aujourd'hui demander conseil à votre pharmacien car le médicament n'est pas encore sur le marché. Le naproxcinod est le premier composé de la classe des inhibiteurs de Cox donneurs d'oxyde nitrique et c'est sans doute grâce à lui que bientôt les femmes et les hommes du monde entier souffriront moins. Le jour où le naproxcinod sera en vente, le nombre de malades souffrants d'arthroses a de fortes chances de diminuer.

Mais ce jour n'est pas arrivé. Car pour développer une nouvelle molécule, de la phase de recherche à l'enregistrement par les autorités réglementaires américaines comme la FDA, Food and Drug Administration ou européenne comme l'EMA, European Medicines Agency, il faut en moyenne une douzaine d'année. « *On espère déposer la première demande d'Autorisation de Mise sur le Marché en 2009 aux Etats-Unis, soit exactement 13 ans après la création de la société* » précise Michele Garufi, le fondateur italien de Nicox.

13 ans pendant lesquels il faut chercher, innover, breveter chercher encore, trouver, tester, améliorer, investir, tester encore, investir encore, recruter, financer, financer plus, financer encore.

Anticiper, négocier et aussi se soumettre : anticiper la commercialisation en négociant avec les grands laboratoires mondiaux des droits exclusifs d'exploitation, se soumettre aux autorités réglementaires mondiales, européennes et nationales.

Bref, il faut être fou pour se lancer dans la biotechnologie. Ou alors partager sa folie avec des gens qui sont prêts à acheter des pures promesses.

Quand il crée Nicox en 1996, Michele Garufi est un pionnier de la biotechnologie européenne *« nous avons commencé 10 ans avant tout le monde en Italie et avons été dans les premiers à créer une start-up dans la biotechnologie en Europe, c'était comme voir voler un âne »*.

Le marché italien n'est pas mûr, personne ne croit à l'avenir de Nicox, impossible donc de démarrer.
Peu importe, l'Italien parie sur sa passion, sa ténacité et sa chance. C'est la France qui lui donne sa chance avec le fonds d'investissement Apax Partners et son investisseur Laurent Ganem qui font le pari, bientôt rejoints par deux autres investisseurs spécialistes du Capital Risque, dont Sofinnova, soit à trois et avec un apport initial de 2, 5 millions de dollars pour 58 % du capital.
Seule ombre au tableau, en 2003, le grand groupe pharmaceutique Astra Zeneca, qui avait pourtant initié un programme de recherche et développement avec la jeune société, en 1998, renonce à ses engagements. Qu'importe, Nicox récupère leur licence de développement et la société se bat contre la suspicion de tout le marché qui doute alors de sa capacité à aller plus loin.

Après avoir commencé dans un petit bureau à Milan, la société peut ouvrir son siège à Sophia-Antipolis. C'est sans doute dans l'industrie pharmaceutique que le titre de capital risqueur ou comme dit l'anglais plus métaphoriquement *« Venture Capitalist »* ou *« VC »* est le plus justifié. Le taux de risque y est extrêmement élevé, la perspective de récompense aussi. Le potentiel de ventes mondiales du naproxcinod est, par exemple, estimé à plus d'un milliard de dollars.

En attendant, il faut de l'argent, toujours de l'argent, de l'argent investi non pas dans l'inconnu mais sur l'inconnu.
De l'argent qui vaudra de l'or le jour où il sera prouvé que le médicament soigne plus efficacement que ses concurrents, qu'il diminue visiblement et durablement la douleur des hommes. De l'ar-

gent pour recruter les meilleurs chercheurs partout dans le monde, pour associer des nouveaux talents souvent issus de grands laboratoires pharmaceutiques mondiaux où ils ne donnaient pas la pleine mesure de leur créativité, de l'argent pour poursuivre les études cliniques qui feront qu'un jour enfin les autorités réglementaires donneront leur accord pour la commercialisation.

Ainsi de l'étude 301 sur le naproxcinod par exemple.
Ce n'est pas un code alchimique secret ni le code d'un compte bancaire dans un paradis fiscal. C'est le nom de la plus récente étude de Nicox, faite sur plus de 900 patients sélectionnés dans une centaine de centres de traitement aux Etats-Unis. Tous souffrent d'une arthrose du genou ; pendant treize semaines, trois groupes différents sont traités avec trois produits différents, le premier avec un médicament existant déjà, le naproxène, le second avec un placebo, le troisième avec le naproxcinod. Et pendant trois mois, on évalue et on compare l'efficacité respective des trois traitements. Résultat : contrairement à ses concurrents, le naproxcinod n'a aucun effet néfaste sur la pression artérielle contrairement aux agents anti-inflammatoires non stéroïdiens couramment utilisés qui augmentent la tension artérielle et donc aussi les risques d'attaques cardiaques ou cérébrales.

Pour faire suite à cette étude 301, Nicox a initié en avril 2007 une deuxième étude, l'étude 302, menée sur 53 semaines, un temps beaucoup plus long que l'étude 301. Pour confirmer l'étude 301 et l'étude 302 toujours en cours, Nicox a lancé en juin 2007 la troisième et dernière étude codifiée 303, 800 patients seront recrutés, tous atteints d'arthrose de la hanche. Nicox s'attend à des retours positifs sur ces 2 dernières phases pour l'enregistrement et le lancement du médicament.

Plus les études sont prometteuses et plus les alliances stratégiques ont une chance de se conclure. En mars 2006, Nicox a signé un accord avec le groupe Pfizer pour les droits exclusifs pour l'utilisation de sa technologie brevetée de libération d'oxyde nitrique dans le domaine de l'ophtalmologie qui pourrait lui rapporter près de 300 millions d'euros. Même type d'opération avec Merck dans le domaine des antihypertenseurs.

En 2007, l'entreprise, cotée en Bourse sur Euronext, lance une augmentation de capital de 130 millions d'euros.
Pourquoi faire ? Toujours la même chose, poursuivre son idée fixe, financer le développement de son médicament. Michele Garufi le sait, *« c'est la clarté de la vision qui permet de maîtriser les hauts et les bas que sont les cycles normaux de la biotechnologie »*.

« Comme la vie est lente et comme l'espérance est violente », dit un vers d'Apollinaire.
Lorsque notre espérance devient moins violente, nous ressentons plus cruellement encore la longueur de la vie. Michele Garufi a la patience de ceux dont l'espérance est toujours restée aussi violente.
Depuis le premier jour, elle est intacte, douter ne l'empêche jamais d'espérer. L'avenir lui donnera raison.

Guy CALLEJON

Panzani ou les nouvelles voies stratégiques de la divine Providence

Ils ont décidé de vendre mais qui achète ? Telle est la question. Engagé en 1990 par Antoine Riboud pour diriger le département semouleries de Danone, un petit fils d'agriculteurs de l'Hérault, Guy Callejon devient patron de Panzani quand Danone, ayant décidé de se recentrer sur trois métiers, les eaux, les biscuits et le frais, revend le trio Panzani, William Saurin et Amora à Paribas en 1997. Obsédé par la création de valeur comme Don Patillo était obsédé par le goût de ses produits, il prend des risques pour reprogrammer la divine providence et écrit le nouveau destin de Panzani. Don Patillo est mort et sa marque, en sa mémoire, a réussi à évangéliser le monde entier.

« En octobre 1997, on nous dit qu'on va nous vendre, vraisemblablement à un groupe financier. Un groupe financier, je reste perplexe, j'étais plus programmé pour être dans l'alimentaire ». Comme le raconte Guy Callejon, les financiers de Paribas venaient de racheter ça 4 milliards de francs.

Ca ? C'est quoi ça ? Pourquoi ça ? Comment ça ? Les financiers donnent souvent l'impression de s'intéresser plus au montage de leurs opérations qu'à la valeur de ce qu'ils vendent ou rachètent. C'est sans doute l'impression que Guy Callejon a ressentie et ce qui explique sa perplexité le jour où il a appris que Danone voulait vendre Panzani.

Mais un entrepreneur est un homme qui ne se laisse pas dominer par la perplexité. Panzani était en déclin, ses saintes pâtes perdaient beaucoup de parts de marché, la gloire de ses sauces s'effaçait devant celle du nouvel apôtre Buitoni, les marques des distributeurs gagnaient chaque jour de nouvelles parts d'estomac et Barilla, son redoutable concurrent, était en passe de devenir l'élu du cœur des Français. Les sauveurs de Paribas expliquent simplement leur mission à Guy Callejon : *« on apporte environ 450 millions en cash, on prend 3,5 milliards d'endettement mais ce n'est pas grave parce qu'on va les rembourser chaque année en faisant des profits formidables ».* La messe est dite.

Aucune fausse sympathie pour la légende de Don Patillo, pas la moindre petite compassion pour Jean Panzani, l'émigré italien qui créa l'entreprise en s'installant à Lyon en 1940.
Il faut créer de la valeur, beaucoup de valeur et vite pour rembourser la dette. Les voies de la Providence passent ce jour-là par le plan d'action des financiers. Guy Callejon, qui, à l'époque n'est que directeur général du département des semouleries de Danone, est pressenti pour prendre la présidence de Panzani. Pendant une semaine, une petite voix intérieure lui murmure « *attention, tu vas quitter Danone, son aura, sa puissance et sa gloire, son double projet économique et social, son saint patron Antoine, ses salaires explosifs* » mais une autre voix, plus insistante et plus claire, lui susurre « *tu seras enfin responsable et libre, tu auras les coudées franches, tu aimes cette entreprise, tu as toujours pensé qu'il y avait une autre façon de faire, tu es le roi du blé et de la semoule, tu vas faire bouger les choses* ».

L'heure de Guy Callejon a sonné.
Il fonce, prend le risque, renonce au confort du manager dopé aux stock-options, s'endette pour prendre une partie du capital. Et recommande aussitôt aux envoyés de Paribas de vendre William Saurin. On peut être convaincu qu'il y a une autre façon de faire sans pour autant savoir comment faire. Guy Callejon résume en une phrase extraordinaire ce moment où dans la vie d'un homme, cohabitent une parfaite confiance en soi et une parfaite ignorance « *je savais qu'il y avait une autre façon de faire et ma foi...* ». Blaise Pascal l'avait déjà remarqué, on ne prie pas parce qu'on croit, c'est l'inverse, on commence par se mettre à genoux et on croit. Don Patillo le savait bien et c'est sans doute en sa mémoire que Guy Callejon, poussé par la force de sa conviction, fait le pari de relancer Panzani. Il commence le 1er janvier 1998. Au bout de six mois, il a trouvé un repreneur pour William Saurin et dans la foulée, il a vendu Agnesi, une ancienne prestigieuse filiale italienne de Danone. Les marques et les filiales tombent, Garbit, Petit Jean... les métiers périphériques sont épurés.
Jusqu'où ira le nouveau président entrepreneur de Panzani ? Jusqu'au bout, c'est-à-dire jusqu'au père. Sans peur mais non sans reproche, il va tuer le père. Il va se mettre au clair avec Don Patillo. « *Croyez en tous les dieux que vous voulez, du moment que vous êtes au clair avec le*

dieu qui n'existe pas, le Nom-du-Père » professait Lacan. Guy Callejon décide donc dans la fureur et la passion de faire disparaître le père de Panzani. « *La moitié de la table me disait, tu es fou, si on le perd lui, on perd tout, depuis 25 ans il est le personnage préféré des Français. Et l'autre moitié de la table me répétait, si tu ne fais rien, on va crever avec lui* ».

L'entrepreneur rend son jugement, il convainc ses troupes que Don Patillo n'a plus rien à dire, surtout aux jeunes, qu'il n'a jamais eu grand chose à dire d'ailleurs « *il ne disait rien … parler au bon dieu pour dire que les pâtes étaient bonnes… oui des pâtes mais des Panzani… au fond il ne disait rien* ».
Il faut dire autre chose, raconter une autre histoire. C'est le lot de la vie des hommes comme de celle des entreprises. Pas de naissance sans histoire, pas de renaissance sans nouvelle histoire. D'autant plus que Barilla continue à ensorceler le cœur des clients en présentant à la télévision ses très sophistiquées spécialités de pâtes comme des bijoux rares que de sublimes femmes masquées viennent dérober de nuit dans des palais de rêve.
Autour de Guy Callejon, l'équipe rapprochée, directeur financier, directeur industriel, directeur des ventes, directeur marketing et directeur des ressources humaines, sert les coudes et travaille souvent plus de 16 heures par jour. La charnelle Ornella Muti prête son image à la télévision pour soulager leurs efforts et raviver la flamme de la marque. Et Giovanni Panzani, nouvelle icône marketing, inaugure le segment premium. Plus jamais il ne sera dit que Panzani fait des nouilles là où Barilla fait des pâtes.
La guerre du haut de gamme est déclarée, le cercle vicieux de la promotion, quatre paquets de pâtes offerts pour dix achetés, dans lequel la marque perdait son âme depuis des années, est brisé. La création de valeur par la qualité pour les pâtes comme pour les sauces, construite à grand renfort d'investissements, de restructurations, d'innovations marketing, d'ingénieurs diététiciens et de publicité est payante. Panzani regagne des parts de marché. En 1998, l'entreprise fondée par Jean Panzani en 1940, atteint 160 millions d'euros de chiffre d'affaires. Et 470 millions en 2007.
Mais en 1998, il manque encore une clef pour que la reconquête du

marché soit parfaitement réussie. Lustucru, le roi des pâtes fraîches et du riz Taureau Ailé. La famille Skalli, propriétaire de la marque centenaire, ne s'entend plus. *« Pour moi, c'était le rêve, je dis à Bertrand Meunier de Paribas, vous voulez vendre Panzani mais regardez, on met la main sur Lustucru, on fait un des plus beaux groupes et là vous vendez ».* Panzani fait à l'époque 18 millions de résultats bruts. Lustucru, 22. Guy Callejon repart à la manœuvre, avec la même détermination et le même enthousiasme que le jour où il a décidé de vendre William Saurin. Premières négociations de quatre mois, disputes avec la famille Skalli, la manœuvre patine mais la nouvelle messe est dite en septembre 2003.

Le roi des pâtes sèches et celui des pâtes fraîches unifient leurs royaumes. Lustucru garde sa marque mais perd sa couronne. *« Pour celui qui pensait qu'on était enfin arrivé au bout, cela n'a pas été vraiment le cas ».* Il faut fermer l'usine Lustucru à Marseille, 220 salariés. La messe est dite une nouvelle fois mais tout le monde ne sort pas de l'église. Les grèves sont violentes, les usines sont occupées, les bureaux bloqués par les comités d'entreprise. Et pour aller encore un peu plus loin dans l'enfer, en décembre 2004, l'usine Lustucru de Arles est inondée, les ragondins du Rhône l'envahissent.

« Quand j'ai annoncé que j'allais fermer l'usine, 168 salariés me sont tombés dessus comme la misère sur le monde. Sarkozy, à l'époque ministre des Finances, reçoit les syndicats, me convoque avec Bertrand Meunier, je revends le terrain et les bâtiments à la ville d'Arles et Sarkozy débloque presque 4 millions d'euros pour aider les entreprises de la région à réembaucher ». Guy Callejon qui a déjà organisé la revente de toutes les anciennes filiales de Danone a l'impression que l'histoire se répète, de façon plus dramatique cette fois *« rebelote, on était reparti, endettement, restructurations, fermeture d'usines, repositionnement des marques, renégociation de la dette ».*

Grâce à un Espagnol, ancienne connaissance de Guy Callejon à l'époque où il travaillait comme expert des céréales pour le marché agricole commun européen, le grand groupe alimentaire espagnol Ebro Puelva, coté à la Bourse de Madrid rachète en 2005 Panzani à PAI Partners. L'entrepreneur sera désormais chargé du développement du nouveau groupe. Six mois plus tard, il fait traverser l'Atlantique à feu Don

Patillo et rachète deux marques, New World Pasta, leader américain des pâtes et Catelli, le leader canadien. Les autres leaders du monde entier sont prévenus, le sauveur de Panzani ne veut pas devenir une marque mondiale comme Barilla qui se prend pour le Coca-Cola des pâtes mais se dit prêt à racheter tous les numéros 1 nationaux. En Asie, au Mexique, au Danemark... pour réaliser enfin son ambition la plus tenace depuis longtemps : *« transformer une marque légendaire de pâtes en une grande société de solutions pour les repas à base de pâtes sous toutes leurs formes, sèches, fraîches, surgelées ».*

« Ce sont les rapports orageux mais jamais interrompus avec cette présence cachée que j'appelle Dieu qui m'ont donné le sentiment d'être libre » écrivait François Mauriac.
Ce sont les rapports orageux et passionnés avec Don Patillo, son entreprise, ses concurrents, ses salariés, ses investisseurs qui ont donné à Guy Callejon la force de réussir.

Philippe PADIOU

Pilote ou la plus belle façon d'habiter le monde

Un jour, ce ne sont plus les beatniks qui partiront sur la route mais les familles européennes et les retraités. Pour avoir compris cela avant les autres, un autodidacte bricoleur de 27 ans imagine en 1962, dans la menuiserie de son père à La Limouzinière, près de Nantes, un premier modèle de caravane. Dans les années 70, son frère « l'homme du développement » le rejoint. Ensemble, ils vont réconcilier le goût de l'aventure et l'amour du confort. Leur entreprise devient le leader français du camping-car en 1980. Elle produit aujourd'hui plus de 5000 camping-cars par an et est devenue un des spécialistes européens du véhicule de loisirs.

Les frères Padiou sont plus que des entrepreneurs.
Ils ont développé deux des grands mythes sociaux de notre civilisation du loisir : la caravane pour les aventuriers sédentaires des années 70 et le camping-car pour les nomades claniques des années 80.
En 1962, l'aîné André conçoit, seul dans l'atelier de menuiserie paternel installé depuis 1932 à La Limouzinière, une première caravane avec un extérieur comme un intérieur en bois. En 1976, un voyage en Amérique au cours duquel il visite des usines de *« Motor Home »* lui fait prendre conscience du marché d'avenir et fait germer l'idée d'un premier prototype nantais de camping-car.
Il reviendra au cadet d'accélérer la conversion de la production artisanale de caravanes en production industrielle de camping-cars. Une conversion originale en trois temps. D'abord, il a fallu acheter les premiers châssis chez un constructeur automobile, Ford en l'occurrence puis Renault, Fiat et Mercedes. Ensuite, produire en série. Enfin s'appuyer sur le réseau des concessionnaires qui vendaient les caravanes pour créer le marché.

La petite société familiale qui fabriquait des caravanes artisanales au début de la Vème République devient dans les années Mitterrand un

groupe industriel dont les problématiques ressemblent à celles de l'automobile. *« On n'est pas des capitalistes purs et durs »* confie Philippe Padiou.
Qu'est-ce qu'un capitaliste qui n'est pas pur et dur ? *« Quelqu'un qui cherche à faire des choses et à prendre des risques sans penser d'abord à l'argent et au profit ».* C'est le cas de Philippe Padiou. Pour lui, *« l'esprit d'entreprise, c'est l'entreprise d'abord ».* Cet esprit, il le retrouve chez IPO, l'Institut de Participations de l'Ouest entré en 1986 au capital de l'entreprise familiale. Vive la gouvernance d'entreprise ouverte et moderne. Vive, surtout, le développement. Quatre ans après l'entrée au capital du nouvel investisseur, Philippe rachète Frankia, un homologue bavarois, spécialiste du camping-car double plancher, puis deux constructeurs haut de gamme, une marque française Le Voyageur en 2000 et une marque allemande, RMB, la Rolls de la catégorie, en 2001.

La petite entreprise artisanale familiale passe à la phase industrielle. Pilote en 2007, ce sont 800 collaborateurs, 5 usines, 6 marques, 240 points de vente dans 17 pays européens, presque 5000 camping-cars produits par an et 200 millions d'euros de chiffre d'affaires.
Dans la famille Pilote, tout est pensé autant pour la route et l'aventure que pour l'intimité et la convivialité. La segmentation des modèles et des marques s'inspire de la logique du marché automobile. Pilote joue le rôle de Peugeot, Mooveo celui de Logan de Renault, RMB jouant à Rolls-Royce avec ses modèles à 400 000 euros, et Frankia à Audi. Comme pour les grandes marques automobiles, les produits fétiches y côtoient les innovations technologiques. Il y a le mythique R360, lancé au salon du Bourget en 1979, avec son confort encore spartiate malgré son grand plan cuisine émaillé et sa dînette quatre places, le luxueux Voyageur 850 avec son châssis Mercedes, son salon panoramique, son lit central électriquement réglable, la gamme Explorateur avec ses réfrigérateurs de 150 litres sur chaque modèle. Capucines, profilés ou intégraux, tous les Pilote vous emmèneront au bout du monde.

Pourtant le chant des pistes et l'amour des lointains ont bien failli se briser sur les problèmes de trésorerie de l'entreprise.

En 1992, alors que les monnaies des pays d'Europe du Sud perdent 30% de leur valeur, que le taux d'inflation est à 10%, les taux d'intérêt à 12% et que de nouvelles barrières protectionnistes en Europe du Nord font chuter les exportations de l'entreprise de 50% et sa production de 40%, un des banquiers de Pilote, explique à Philippe Padiou qu'il ne pourra assurer la paye mensuelle des 230 salariés.
« Il y a eu un vent de panique car, à l'époque, pour un rien, on pouvait mettre à plat une entreprise rentable à cause d'un problème de trésorerie. D'où la fortune de personnes comme Bernard Tapie qui, avec un peu d'argent et en négociant avec le Tribunal de Commerce, arrivait à redresser une entreprise ayant déposé son bilan ».
Mais les salariés ne sont pas des mercenaires prêts à se révolter si leur solde n'est pas versée le jour dit. Pas plus que les banquiers ne sont les fossoyeurs des rêves des entrepreneurs. L'entrepreneur négocie, ses fonds propres le sauvent. Le camping-cariste est un humaniste qui répugne au conflit, parie sur la raison, résiste à la panique.
Refusant de se soumettre au règne de l'argent fou et à la *« bernardtapisation »* de son entreprise, Philippe Padiou, avec le soutien indéfectible d'IPO, repart à l'offensive. Rétrospectivement, il s'indigne encore *« on allait quand même pas mettre à plat une entreprise rentable pour un problème de trésorerie ».*
L'aventure continue, le chant des pistes reprend, plus haut, plus fort, plus clair.
A La Limouzinière, il en faut plus pour éteindre le feu sacré.
Le feu sacré, critère absolu et absolument discriminant de l'entrepreneur. *« On ne peut jamais être déçu quand on a le feu sacré, c'est le feu sacré qui fait prendre des risques et accepter les sacrifices ».* Vos diplômes, vos compétences, vos expériences n'y changeront rien, à peine serviront-ils à vous sauver la mise dans un séminaire interprofessionnel où la mythomanie des uns rivalisent avec la vanité des autres.
« Un bon entrepreneur, c'est de la persévérance, du courage au service des autres, notamment collaborateurs et clients ». L'alter ego de l'actionnaire idéal que Philippe Padiou rêve à l'image du sien *« proche, ouvert, fidèle ».*
Tout le reste est littérature. IPO a accompagné le développement de l'entreprise pendant 20 ans, et le fonds Alpha de la famille Wendel pendant 10 ans. Aujourd'hui Philippe Padiou a repris 100% de son

entreprise pour pouvoir la transmettre en toute sérénité. Quand il aura passé la main, il ne fera sans doute pas autre chose. Pourquoi ? parce que toute sa vie il n'a eu qu'une seule passion, un seul métier, métier qu'il inscrit fièrement dans ses gênes. « *Je ne sais pas quel autre métier j'aurais pu faire. Entrepreneur, je ne sais faire que cela et croyez-moi, c'est un métier à plein temps* ».

Paul Morand disait de sa génération pressée et voyageuse « *Nous allions au diable chercher un autre nous-même* ».
Les frères Padiou, eux, c'est dans leur entreprise qu'ils ont assouvi leur goût de l'aventure et de la liberté.

Patrice QUATRAVAUX

Premium Spirits ou la Charente tranquille à la conquête de l'Amérique

C'est l'histoire d'un homme audacieux, éthique et passionné. A la suite d'un plan de restructuration, un directeur général de Courvoisier quitte en 1995 Allied Domecq, le groupe propriétaire de la marque de cognac. Après trois ans de mission temporaire pour repositionner une petite filiale de cognac haut de gamme pour le compte de LVMH, il propose au géant du luxe de racheter une société spécialisée dans le négoce de brandy. Que peut représenter le brandy pour l'empire du luxe contemporain ? Un vestige du XIXe siècle et, au mieux, un produit de grande consommation. Autrement dit une activité non stratégique.

« J'ai racheté une PME sur le déclin qui n'intéressait personne, je l'ai développée pour en faire un leader dans sa catégorie et je l'ai remise à un groupe qui saura s'en occuper aux côtés de ses propres marques ». La PME en déclin? Les Ets Pellisson (rebaptisés plus tard Raynal), une maison fondée en 1840, spécialisée dans la production et la commercialisation du brandy.

Le brandy, cela sonne mieux que « vin brûlé ». Pourtant, c'est la même chose. Le cognac et l'armagnac ont donné leurs lettres de noblesse au brandy qui n'en reste pas moins le terme générique pour désigner les eaux de vie de vin vieillies. A l'origine, on a distillé les vins pour qu'ils voyagent mieux et prennent moins de place dans les tonneaux. En France, le brandy a été développé pour écouler la surproduction viticole. A l'origine du brandy donc, ni légende, ni histoire immémoriale, ni imaginaire.
« Le brandy français n'était donc pas une catégorie extrêmement valorisée » précise par cette délicieuse litote Patrice Quatravaux. Jusqu'au jour où la maison Pellisson a l'idée de valoriser ses produits en développant des vraies marques.

En 1974, la société de cognac familiale Pellisson est revendue à Hennessy, grand producteur de cognac, qui décide d'en faire sa filiale spécialiste du brandy pour ouvrir à l'export des marchés avec un produit moins cher que le cognac.
Le pari est alors de former le goût de nouveaux consommateurs américains, japonais ou anglais avec un produit plus accessible. Le brandy se voit assigner un rôle précis : être la petite répétition de la grande scène du goût jouée par le noble cognac, l'épreuve initiatique avant d'accéder au saint des saints, le marchepied du seigneur de la Charente. Deux marques vont mener l'offensive, comme deux éclaireurs d'élite du marché naissant du brandy de qualité. Three Barrels en Angleterre, vieille marque historique dont Hennessy décide de faire une marque leader sur le marché anglais. Et la marque Raynal repositionnée en marque de brandy pour l'export. Le nom de la vieille maison française de négoce fondée en 1840 va devenir en quelques années la référence du brandy français sur le marché américain.

Tout est cohérent et efficace jusque dans les années 90. Mais après l'intégration de la marque Hennessy dans le groupe bicéphale Moët-Hennessy puis multicéphale LVMH, les marques de brandy deviennent moins prioritaires.
On n'échappe jamais totalement à ses origines : en quoi le brandy, né historiquement de la distillation de la surproduction viticole, peut-il légitimement figurer aux côtés des grandes marques du luxe mondial ? Les marques qui ont lancé la marché du brandy de qualité sont délaissées, *« elles commencent à décliner par manque d'attention, d'investissements et dégradation des relations avec les distributeurs »*.

En 1998, le patron de Hennessy demande à Patrice Quatravaux de l'aider à trouver des solutions pour Pellisson et ses marques de brandy, en même temps qu'il lui annonce qu'il ne pourra pas le faire entrer définitivement chez LVMH. Contenant difficilement sa frustration et par goût de la provocation, l'intéressé répond : *« dans ce cas, le meilleur moyen de vous aider sur Pellisson, c'est de vous en débarrasser car cette société n'a pas de place légitime dans un groupe de luxe. Je suis donc prêt à vous l'acheter ». « Etes-vous sérieux et en avez-vous seulement les moyens ? »* répond dans un premier temps le patron

d'Hennessy. Mais confronté à la fois à la détermination du candidat au rachat et aux piètres résultats de la société dans les cinq dernières années, le siège de LVMH accepte de négocier. Même s'il ne sait pas, en réalité, comment il va financer sa reprise, le futur sauveur de la société de brandy a gagné la première bataille.
Mais pour gagner la guerre, il faut de l'argent. Un dîner en Charente chez son ancien patron d'Allied Domecq suffira à Patrice Quatravaux. Il y retrouve le président-fondateur d'IPO (Institut des Participations de l'Ouest), Philippe Giffard, par ailleurs ancien administrateur de Courvoisier. Dix jours plus tard, le tour de table est monté avec IPO et 3i et le business plan est prêt. Après d'âpres négociations, Patrice Quatravaux prend le contrôle et les commandes en mai 1999.

« J'appelle mes copains dans l'industrie de la verrerie, ils m'aident à économiser 1 franc sur la fabrication de chaque bouteille. Sur 6 millions de bouteilles, cela fait 6 millions d'économies pour une société qui faisait 100 millions de francs de chiffre d'affaires ». Un simple coup de fil à un ami verrier permet donc d'emblée de doubler le résultat de la société. D'autres économies suivent : *« j'avais eu du mal à convaincre mes associés que tout coûterait moins cher à une PME indépendante qu'à un groupe prestigieux. Cela s'est pourtant vérifié dans tous les domaines »*.

La reconquête des marchés peut commencer.
Patrice Quatravaux remotive les distributeurs américains et anglais, travaille à l'identification de nouvelles cibles, ouvre de nouveaux marchés, change le packaging des bouteilles, investit dans la publicité.
Dès qu'on donne une vision et une énergie nouvelles à une entreprise, ceux qui y travaillent contribuent plus librement à l'effort de guerre. *« A l'époque des lois Aubry, les horaires dans le cognac étaient déjà à 34 heures. Confronté à un sureffectif, j'ai donc proposé une réduction modérée d'effectifs si tout le monde acceptait de passer à 30 heures »*. Ce que les salariés acceptent de perdre en salaire pour relancer leur activité sur le marché du brandy, ils le récupéreront en participation lorsque les marques Raynal aux Etats-Unis et surtout Three Barrels en Angleterre commenceront à dégager des bénéfices fabuleux. A ce rythme, tous les emprunts, planifiés sur sept ans, sont remboursés en trois ans seulement.

Dans le monde du LBO, cette réussite suscite vite de nouveaux intérêts. En 2003, Fonds Partenaires Gestion, filiale de Lazard, fait une offre pour reprendre la société, à condition que Patrice Quatravaux en reste actionnaire et dirigeant. Une nouvelle holding de reprise, Premium Spirits, est alors créée.

Deux ans plus tard, l'homme au double LBO estime avoir pleinement rempli sa mission : il a fait de Pellisson/Raynal le leader incontesté du brandy français en Angleterre (où Three Barrels est devenue la 9e marque de spiritueux du marché), aux Etats-Unis et dans d'autres pays d'Europe et d'Asie.
Il convainc alors William Grant, leader mondial du malt whisky, de racheter la société, en récupérant au passage les droits de distribution britanniques qui appartenaient à Diageo et arrivaient opportunément à échéance.
L'affaire faite, il se retire au bout de quelques mois « *avec la satisfaction de laisser l'entreprise dans les meilleures mains possibles* ».

Quand on l'interroge sur les qualités du bon entrepreneur, il répond « *un peu de créativité, de bon sens, de prudence et de goût du risque mais je ne sais pas dans quel ordre il faut les mettre. Et, bien sûr, un peu de chance au bon moment qu'il faut savoir saisir* ».

Au fond, un entrepreneur c'est quelqu'un qui dans une même vie peut aimer Chardonne, le bonheur à Barbezieux et faire découvrir le brandy français aux rappeurs américains.

Jean-Charles PAUZE

Rexel ou l'entrepreneur dont on ne voit que le dos

Il transforme une grosse entreprise en grande entreprise. Sous son impulsion, Rexel devient le leader mondial de la distribution de matériel électrique. Il faut autant de courage et d'inventivité pour faire bouger une entreprise que pour en créer une : modestement, Jean-Charles Pauze reconnaît qu'il a « recalé les organisations et les modes de fonctionnement, accéléré le développement ».

« Un leader, c'est quelqu'un dont vous voyez le dos ».
Voilà. Tout est dit en trois mots par Jean-Charles Pauze, un entrepreneur économe de ses mots. Les Stéphanois sont comme cela, modestes et efficaces, ils savent faire gagner leur équipe sans se mettre en avant, sans en tirer aucune gloire particulière, à peine peut-être un peu de fierté.
Au royaume de l'efficacité collective, Jean-Charles Pauze est le roi. Au royaume de la distribution de matériel électrique, le roi c'est Rexel. Le destin de l'ancienne CDME, Compagnie de Distribution de Matériel Electrique fondée en 1967, était écrit dans le nouveau nom de baptême qu'elle adopte en 1993 : Rexel, l'entreprise que l'excellence fait reine dans la distribution de matériel électrique. Rexel excelle dans un métier que Jean-Charles Pauze n'a pas créé mais qu'il restructure et modernise. *« Nous sommes un distributeur à valeur ajoutée qui apporte des services avec les produits qu'il distribue ».*
Aucun excès dans le propos, preuve supplémentaire que l'excellence n'aime pas l'excès. La valeur ajoutée est le Saint Graal de toutes les entreprises, toutes la cherchent, moins nombreuses sont celles qui la trouvent. Rexel, sous l'impulsion de Jean-Charles Pauze, l'a trouvée.
Mais combien faut-il de temps et comment fait-on pour que les autres ne voient plus que votre dos ?

L'entrepreneur a toujours cherché à développer partout où il est passé, dans le groupe suédois Alfa-Laval pendant 13 ans, chez Strafor Facom à nouveau pendant 13 ans puis chez PPR recruté par Serge Weinberg

comme président de Guilbert. Il arrive chez Rexel en 2002 bien décidé à développer *« les gênes de leadership de l'entreprise »*. La mission que lui confie la direction de PPR est claire : réorganiser le groupe éprouvé par les difficultés du marché après le 11 septembre 2001, optimiser la logistique, moderniser les réseaux, adapter les coûts, développer, initier une nouvelle croissance externe sélective.
« Une stratégie d'entreprise ne se décrète pas du jour au lendemain comme par l'opération du Saint-Esprit, elle se construit par étapes ». Jean-Charles Pauze renforce la culture du service dans les trois métiers de l'industrie, du résidentiel et du tertiaire, et remet le client au centre de l'action. Ses 1900 agences partout dans le monde conjuguent force d'un groupe et proximité du client. *« Vendre du matériel électrique, c'est beaucoup plus exigeant que vendre un simple produit de consommation ; les normes de construction et les modes de travail et de vie varient de pays à pays, les rapports avec les installateurs aussi en fonction de la taille de leur entreprise et de leur expérience »*. On ne vend pas de la même façon des équipements de climatisation dans le Missouri et un système d'éclairage à faible consommation d'énergie en Suède. Des directeurs commerciaux portugais ou tchèques ne se sentent pas forcément pousser des ailes d'entrepreneur au seul nom de Rexel. Pas plus que leurs homologues autrichiens ou anglais ne penseront systématiquement à la petite industrie locale ou aux prochaines constructions d'école à proximité de leurs agences quand ils approvisionneront leurs stocks.

A force de focalisation sur la culture commerciale, de connaissance intime des réseaux d'installateurs locaux, de partage d'expériences entre les trois métiers de l'industrie, du résidentiel et du tertiaire, Jean-Charles Pauze réussit à insuffler le sens leadership aux 25 000 collaborateurs. Définir les problématiques susceptibles d'accélérer le développement, former les salariés pour qu'ils imaginent par eux-mêmes les meilleures solutions sans se les voir dogmatiquement imposer, partager les meilleures pratiques et rationaliser les modes de travail, voilà l'état d'esprit garantissant l'évolution de l'entreprise.
Un exemple de problématique créatrice de business ? La conception et la gestion de l'éclairage adaptée aux grands magasins ou à la distribution de marques : *« Aux Etats-Unis, les marques Banana Republic ou*

Gap ouvrent régulièrement des magasins, nous les aidons à mettre en place et à développer l'éclairage dans leur architecture intérieure, à économiser de l'énergie, à anticiper la maintenance de leurs installations ».

Une preuve de la politique de formation intensive chez Rexel ? *« Grâce à nos écoles de formation dans 11 pays, près de 45 % de nos collaborateurs augmentent chaque année leur niveau d'expertise ».* Deux ans après l'arrivée de Jean-Charles Pauze, la réforme avait porté ses fruits. *« Une satisfaction : le jour où tout le monde a reconnu qu'il s'était passé quelque chose, que notre socle s'était de nouveau raffermi et que nous allions pouvoir accélérer notre croissance externe ».*

Les investisseurs Clayton Dubilier & Rice, Eurazeo et Merrill Lynch qui rachètent Rexel à PPR en 2004, permettent la poursuite, par leur soutien, de cette transformation et accélèrent le développement. En 2006, l'entreprise absorbe une dizaine de sociétés petites ou moyennes avant de reprendre l'activité distribution de matériel électrique de General Electric aux Etats-Unis.

Le jour où on lui a posé la question *« pourquoi écrivez-vous ? »* Beckett a répondu laconiquement *« bon qu'à ça ».*

Soumis à la question *« qu'auriez-vous fait si vous n'aviez pas été entrepreneur ? »* Jean-Charles Pauze répond par le diaboliquement logique et pourtant absurde *« j'aurais été entrepreneur ».* Même le plus rigoureux des hommes garde dans sa tête une brèche toujours ouverte sur l'absurde.

C'est sa réserve secrète d'énergie.

Henri LAGARDE

Royal Canin ou le réveil de la Belle au Bois Dormant

En 1994, Henri Lagarde, après une carrière chez Philips et Thomson, devient patron du Groupe agro-alimentaire Guyomarc'h, au sein duquel figurait Royal Canin, une entreprise moyenne créée 25 ans plus tôt par un vétérinaire pionnier de l'aliment sec pour chiens.
Deux ans plus tard, en 1996, pour convaincre Paribas de ne pas vendre cette entreprise, mais de l'introduire plutôt en Bourse, il explique à ses actionnaires que l'équipe Royal Canin veut écrire une des plus belles pages de l'industrie européenne .
Et Paribas vendra en effet en Juillet 2001 Royal Canin au groupe Mars plus de 1,5 milliard d'euros, alors que les valeurs proposées pour cette même entreprise n'étaient que de 100 millions de dollars en 1993 et 250 en 1996.
Dans un document interne Royal Canin intitulé « Vision et Passion », on trouve la distinction suivante : « le manager est un homme qui fait toute chose correctement; le leader est celui qui sait choisir la juste chose à faire ».
Les taux annuels moyens de croissance du chiffre d'affaires -plus de 12% par an pendant 12 ans- et du résultat d'exploitation -plus de 30% par an -comme le pourcentage des ventes à l'étranger- 83% hors France-sont incomparablement supérieurs à ceux, par exemple, de l'Oréal.
Henri Lagarde aime préciser qu'i n'a fait que réveiller une Belle au Bois Dormant et que « Royal Canin aurait pu devenir ce qu'il est devenu sans moi, mais il n'aurait jamais fait un tel parcours sans ses équipes expertes et passionnées ». Devinez donc si l'homme est un manager ou un leader.

En 1968, un vétérinaire du Gard, Jean Cathary, invente la soupe jaune pour les chiens. C'est un mélange de cretons de viande et de flocons de céréales avec du riz et du pop-corn. Une soupe digeste, équilibrée, simple à produire. Loin des barricades, il a constaté que les chiens

nourris traditionnellement avec les restes des plats de leurs maîtres souffrent en vieillissant d'hépatites chroniques.
Le premier aliment français sec pour chien est né. Il va bientôt reléguer le classique plat du maître à lécher aux oubliettes de l'histoire. Comme quoi le slogan de 1968 *« cours, camarade, le vieux monde est derrière toi »* inspira aussi les vétérinaires. En 1972, Jean Guyomarc'h, fondateur du groupe du même nom, fabricant à Vannes d'aliments pour le bétail, achète l'entreprise de Jean Cathary.
A partir de cette époque, guidée par la vision et la passion de René Gillain, l'entreprise devient l'empire des cynotechniciens.
Le cynotechnicien est un passionné doublé d'un expert, dans la vie, il est souvent éleveur, juge de concours pratiquement chaque week-end de l'année ou vétérinaire et peut vous parler des nuits entières du comportement ou des besoins nutritionnels de votre chien en fonction de sa race, de son âge et de sa condition physique.
Les fondements stratégiques de la réussite de l'entreprise sont posés. Ils sont solides. Avec Henri Lagarde, l'équipe Royal Canin décuplera leur potentiel en approfondissant leur pertinence.
Au-delà de l'histoire des fondateurs, deux noms de code expliquent l'incroyable réussite de Royal Canin : Moreno et Epaminondas.
L'escadrille Moreno, du nom du sociologue autrichien réfugié aux Etats-Unis en 1933 à qui l'armée américaine demanda en 1943 une étude comparative sur les performances des escadrilles qui partaient d'Angleterre pour le combat aérien, est devenue le symbole de l'équipe parfaitement solidaire.
Moreno avait, en effet, démontré que les escadrilles composées de bons pilotes *« standard »*, mais qui se connaissaient depuis longtemps et partageaient les mêmes loisirs et passions, subissaient, grâce à une communication quasi instinctive et mimétique rendant la radio presque inutile, quatre fois moins de pertes que les autres escadrilles, fussent-elles animées par des as du ciel.

Le général thébain Epaminondas gagna la bataille de Leuctres en 371 av J.C contre l'armée spartiate trois fois plus nombreuse et mille fois plus aguerrie.
Pourquoi ? Parce qu'il eut d'abord l'intelligence de choisir non seulement son champ de bataille mais surtout son point de rupture et son

axe de percée. Puis ensuite celle de partager avant la bataille son analyse stratégique et tactique avec ses officiers et ses soldats.
Leçon de l'histoire : ne nous battons pas sur tous les fronts, ayons le courage de choisir notre point de rupture, expliquons notre vision et engageons nous alors dans la bataille, et alors seulement, avec une détermination sans faille .

Quand Henri Lagarde prend la direction de Royal Canin, sa vision est claire : le XXIème siècle sera le siècle de la santé. Et pour les chiens et les chats, la santé passera par la nutrition sur mesure. Autant d'idées maîtresses qui pré-existaient dans l'entreprise, mais sur lesquelles vont désormais se focaliser toutes ses énergies.
Un chien a des besoins biologiques, physiologiques et psychologiques qui n'ont rien à voir avec ceux de son maître.
L'anthropomorphisme est le pire ennemi du marketing. Le pathos est le contraire de l'amour. Aimer son chien ou son chat, ce n'est pas lui prêter ses sentiments ni projeter sur lui ses propres émotions, c'est répondre à ses vrais besoins en les connaissant dans le moindre détail, c'est lui donner une chance de se développer harmonieusement par un régime nutritionnel rigoureusement adapté. On ne nourrit pas un chiot cocker comme un chiot terre-neuve, ni une mère allaitante labrador comme une mère allaitante teckel.
« Le marketing, c'est la différence, c'est l'ambition d'offrir quelque chose de mieux, d'unique et surtout de vrai » répète dans le monde entier l'équipe qui a inventé la nutrition canine haut de gamme sur mesure.
« Savez-vous, Monsieur, que le poids relatif de votre tube digestif représente 11% de votre poids alors qu'il n'est que de 7% pour un chien de petite race et de 2, 7% pour un chien de race géante ? Autrement dit, un très grand chien, c'est un châssis de Mercedes équipé d'un moteur de Smart ».
Il faut donc programmer l'offre nutritionnelle pour le chien selon des critères scientifiques précis : son âge, son niveau d'activité, sa sensibilité digestive, le format de sa race, et même, précision ultime apportée par Royal Canin, selon sa race très spécifique. Et appliquer la même critériologie aux chats.
« Nous n'avons le droit d'exister sur un marché que si nous apportons plus que le meilleur de nos concurrents » dira Henri Lagarde aux

analystes financiers lors de l'introduction en Bourse de 1997.
Quand on invente une nouvelle offre, il faut aussi inventer la façon de la distribuer. Le développement de la marque passera donc par la distribution spécialisée, les vétérinaires, les animaleries, les éleveurs ou les grandes surfaces à condition que celles-ci acceptent d'organiser leurs linéaires Royal Canin de façon à rendre intelligibles pour le consommateur les segmentations fondamentales : Mini, Medium, Maxi, Giant, à croiser avec celles de l'âge-junior, adulte, senior-du niveau d'activité, de la sensibilité digestive et même désormais de la race.
Aujourd'hui, la distribution spécialisée représente presque 90% du chiffre d'affaires de Royal Canin alors qu'en 1993 les grandes surfaces alimentaires en représentaient 34%.
La cynotechnologie exige une cyno-distribution. Mais aussi une cyno-communication.
Impossible de partager le respect et la connaissance de l'animal par une grossière et toujours approximative communication publicitaire de masse.
Voilà pourquoi Royal Canin, sauf en France, un peu par tradition, un peu en hommage au très beau film du Berger Allemand qui court sur la musique du *« Professionnel »* de Georges Lautner, n'utilise jamais ailleurs dans le monde, la publicité télévisée, lui préférant une communication à la fois plus technique et plus ciblée : encyclopédies du chien et du chat-4 millions d'exemplaires en 12 langues-ou livres exhaustifs sur la nutrition santé et sur les races.

Si vous voulez comprendre l'effet du broyage de la croquette sur l'indice de tartre de votre chien, optimiser sa sécurité digestive, connaître son pH cutané pour mieux nourrir son poil et sa peau, renforcer ses défenses naturelles, prévenir son arthrose, lutter contre son stress oxydatif, améliorer la consistance de ses selles, précipitez-vous sur les passionnantes petites encyclopédies Royal Canin.
Grâce à Royal Canin des millions de chiens et de chats européens, américains, brésiliens, russes ou japonais et même désormais chinois peuvent enfin espérer mourir en pleine forme.
Si Rex et Félix pouvaient parler (que les générations d'entrepreneurs qui ont fait le succès mondial de l'entreprise veuillent bien nous pardonner cette ultime facilité anthropomorphique) leur première phrase serait

sans doute la réplique parfaite à l'Oréal : *« parce que, nous aussi, on le vaut bien ».*

Le rêve de l'équipe Royal Canin est qu'un jour la marque devienne le leader mondial du petfood grâce à la nutrition-santé.

En attendant, une de ses plus grandes satisfactions est de rappeler que le plus petit salaire dans les usines d'Aimargues ou de Cambrai est deux fois supérieur au SMIC ; ou que le coût matières premières d'un aliment pour chien de race est 4 à 8,5 fois plus élevé que celui d'un aliment standard ou d'un produit sec bas de gamme.

De vrais salaires, de vrais produits, toute l'exemplarité de l'entreprise est là.

Exemplarité que les hommes et les femmes Royal Canin ont rendu possible à force d'approfondir et d' internationaliser l'ambition de leurs prédécesseurs : répondre aux nouveaux besoins de la nutrition-santé des chiens et des chats et structurer le marché autour de critères précis et inédits, avec une passion à toute épreuve, une rigueur absolue et un respect indéfectible pour la nature de chaque animal.

S'il y avait un mot à bannir du dictionnaire, ce serait le mot cynisme. Quand on connaît Royal Canin, comment expliquer que l'étymologie rattache le mot cynisme au mot grec qui veut dire chien ? Vraiment, les Grecs n'avaient rien compris aux chiens. Quant aux cyniques, ils ne comprendront jamais rien à Royal Canin.

Jean-Marc LEFEVRE

Royal Moto ou l'homme qui transforme les dossiers en emplois

« J'ai donc débarqué à Troyes, charmante ville de l'Aube le 2 janvier 1997». L'homme qui débarque ainsi dans l'Aube un jour d'hiver de grand froid et de neige est né au Vietnam, a fait Sup de Co Paris et l'Insead. Il aurait pu tomber sur un autre dossier. L'histoire a voulu qu'il tombe sur un petit spécialiste champenois de motos et de cycles. Bien lui en a pris. L'affaire n'était qu'un dossier. Au lieu de le classer, il en a fait une entreprise leader, numéro 1 des accessoires motos.

Il équipe de la tête aux pieds les motards et les cyclistes. Pas n'importe quel équipement mais le haut du panier, le meilleur, le haut de gamme, la référence. L'anti-Décathlon, en quelque sorte ou plutôt son contre-modèle. C'est cette simple idée et cette idée simple qui lui a valu de réussir. Il a re-spécialisé et re-centré autour de deux métiers une petite entreprise familiale qui, à l'origine, en avait quatre.

Aujourd'hui Royal Moto ne distribue plus ni moto ni vélo et s'appelle Action Sport. L'entreprise distribue en exclusivité la totalité des équipements pour motards et pratiquants du vélo : casques, blousons, des marques américaines, françaises, allemandes ou italiennes pourvu qu'elles soient les meilleures.
« J'ai toujours aimé prendre des risques pour justifier mon salaire et créer de la valeur » déclare le Troyen d'adoption. Très jeune, en sortant de l'Insead, il part en Algérie où il est en charge de la gestion de deux usines, devient ensuite directeur marketing de Philip Morris, fait un passage dans le monde du luxe chez Balmain.

En 1985, il décide de conseiller les autres et crée Directions Marketing. Directions avec un *« s »* pour insister sur le fait qu'il faut toujours chercher à ouvrir les horizons des entreprises en leur montrant des voies nouvelles et pour s'autoriser à prospecter des clients de toute sorte : Renault, Pernod Ricard, le Groupe Amaury, les Salins du Midi,

le Crédit Agricole, Tefal ou Fleury Michon par exemple.
Il est donc consultant en marketing, en stratégie, en développement. C'est lui qui aide les patrons et les managers à ouvrir les yeux, à voir ce qu'ils ne voyaient pas, à préciser leurs visions.
« Je me souviens de la tête d'un patron le jour où je lui ai dit, Monsieur, vous ne connaissez pas votre clientèle finale, vos clients, vos consommateurs, vous les connaissez mal parce que vous avez plein d'écrans et de dogmes qui vous font perdre des possibilités de croissance et des opportunités de développement ». Le métier de consultant est difficile à déléguer, il reste souvent *« intuitu personae »* car il s'agit d'une confrontation intellectuelle, managériale, humaine entre deux hommes, le chef d'entreprise et son consultant, qui se doivent l'un à l'autre la vérité et le courage. Il n'est pas rare que le management des entreprises en conçoive une forme de ressentiment et de frustration et considère la dépendance qui peut exister entre ces deux hommes comme la perpétuation un peu archaïque de la tradition du roi et de son fou, l'aveu d'un pouvoir qui répugne au partage et contourne l'intérêt collectif.

En 1989, Jean-Marc Lefèvre, prenant acte des limites du métier de conseil, cherche à reprendre une affaire.
Le consultant veut désormais mettre à l'épreuve les idées produites pour les autres, il veut créer de la valeur par lui-même et non plus par délégation ou procuration. Il s'intéresse à la société de mode de Jean-Charles de Castelbajac, propose de devenir le patron de son affaire en charge du développement et de la stratégie, prépare une reprise de la société par LBO. Les négociations avortent à cause d'un conflit familial mais notre développeur a le temps de mettre en œuvre une nouvelle ligne et des boutiques à enseigne Jean-Charles de Castelbajac Sports qui connaît un gros succès au Japon.

Le premier dossier ne sera donc pas celui qui donnera son autonomie au stratège, c'est le suivant qui lui offrira sa véritable épreuve du feu : Royal Moto, une petite entreprise familiale fondée en 1972. Il repère dans cette petite entreprise des opportunités de développement et un fort potentiel de croissance.
Le fonds d'investissement Finadvance est à ses côtés pour analyser le dossier de rachat. Le dossier est bouclé, le consultant passe à l'action.

En débarquant à Troyes, il ne découvre pas seulement le froid mais aussi la Berezina du vélo *« dans les entrepôts, je découvre un stock de quatre millions de francs de vélos entassés dans des cartons poussiéreux ».* Il faut trancher dans le vif, les premières décisions tombent, Royal Moto prend le risque de mettre fin à son activité vélo, et plus tard à ses activités d'importation moto.
A la hussarde et *« en draguant les vaillantes et respectables institutions troyennes régionales pour leur demander des subventions »,* un nouveau centre de profit autonome avec des nouveaux locaux est créé : Royal Vélo, pour distribuer uniquement les équipements de cyclistes. Dix ans plus tard, Royal Vélo est leader de son marché.

Il aurait pu tomber sur un autre dossier *« à l'époque, je regardais aussi une société à Monaco qui était le fournisseur de toutes les grandes marques de pulls en cashmere et aussi une petite société en Bourgogne qui fabriquait des éléments de cuisine ».*
Au fond, l'essentiel n'est pas le dossier mais ce qu'on en fait. Car le plus grand plaisir de l'entrepreneur, surtout quand il a été consultant avant de devenir entrepreneur, est bien de donner de la chair à ses dossiers, de mobiliser des énergies nouvelles et improbables pour qu'ils deviennent des équipes, des centres de logistique, de recherche, de formation. Ainsi, le jour où Jean-Marc Lefèvre a réussi à convaincre un talent qui travaillait pour Nike à Paris de changer sa vie pour Royal Moto dans l'Aube.

Le plus grand bonheur de l'homme qui a su convertir un dossier en création d'emplois ? *« Voir les gens à l'ouverture des bureaux et sentir en regardant leurs visages qu'ils ont vraiment envie d'aller bosser ».*

Philippe CATTEAU

Store Electronic Systems ou l'étiquette intelligente à la conquête du monde

Après avoir fait ses premiers pas chez IBM, puis dans le groupe familial de grande distribution créé par son père et par son oncle, Philippe Catteau se lance dans la conception d'un outil révolutionnaire dédié à l'affichage des prix dans la grande distribution : l'étiquetage électronique de gondole. Ce système permet aux magasins de transmettre par ondes radio à des afficheurs électroniques l'ensemble de leurs changements de prix ou toute information nécessaire à la bonne gestion de leurs linéaires, le tout automatiquement, en un seul clic.
La petite société qui perdait de l'argent en 1998 quand Philippe Catteau la reprend a été introduite en Bourse, sur Eurolist, en 2006. Elle est aujourd'hui l'un des leaders du marché de l'étiquetage électronique, marché mondial dont le potentiel est évalué à plus de 60 milliards d'euros.

50.000 changements de prix par an dans un supermarché, 200.000 à 500.000 dans un hypermarché.
Combien de temps et de personnes sont nécessaires pour découper et poser ces étiquettes papier sur les rayons, quel est le coût de cette tâche ingrate ? Philippe Catteau a supprimé cette problématique arithmétique anachronique et aujourd'hui presque absurde, il a créé l'étiquette électronique de gondole.
« J'ai été élevé dans l'univers de la grande distribution : enfant, je faisais du patin à roulettes dans les entrepôts des supermarchés Catteau, une enseigne de grande distribution créée dans le nord de la France par mon père et par mon oncle. »
En 1993, l'entreprise familiale est vendue au groupe britannique Tesco. Progressivement le père, l'oncle, le frère et le cousin du *« patineur des entrepôts »* quittent le groupe, les Anglais conservent Philippe et le nomment président de ce qui est devenu leur filiale française. En 1997, après l'abandon par Tesco d'un projet d'OPA sur Docks de France, Philippe démissionne. L'entreprise sera finalement revendue par Tesco

au groupe Promodès lui-même absorbé par Carrefour.
Le démissionnaire est resté actif. Il a découvert, au Canada, un prototype d'étiquette électronique. *« Rencontre providentielle, véritable révélation »*, l'entrepreneur est fasciné. Ce petit objet lui apparaît comme la synthèse de son expérience professionnelle : concevoir et vendre un produit technologique destiné à la grande distribution quand on a fait la moitié de son parcours professionnel chez IBM et l'autre dans la grande distribution, quoi de plus naturel ?
Fort de sa double compétence, le jeune nordiste étudie la *« légitimité métier »* de ce produit en devenir. A la véritable révélation s'ajoute une conviction inébranlable : le produit s'imposera à la grande distribution par les économies qu' il lui permettra de réaliser au quotidien dans chaque magasin. L'étiquette électronique, pense-t-il, s'imposera par son image de modernité et par la revalorisation des tâches des employés des magasins qui pourront désormais consacrer plus de temps à leurs clients.
Philippe Catteau entreprend le tour du monde des start-up qui ont commencé à investir dans ce domaine ; entre l'israélienne, l'américaine, la canadienne, la suédoise et la française, cette dernière retiendra finalement ses suffrages.
Un franc symbolique, c'est évidemment la valeur qu'un ancien de la grande distribution propose pour une entreprise dont le chiffre d'affaires n'a pas décollé et dont les pertes sont très significatives. Réponse des fondateurs de l'entreprise et des investisseurs du tour de table : 120 millions de francs. *« Je n'ai pas discuté le prix, j'ai préféré regarder devant, penser à l'avenir, au marché potentiel, j'ai accepté. Il m'a semblé plus productif d'attaquer immédiatement ce marché potentiel de plusieurs centaines de milliards de francs plutôt que de tenter de réduire le prix de 10 ou 20 millions ».*

L'entrepreneur devenu Président et actionnaire à hauteur de 20% se met à l'œuvre avec ses 9 salariés pour préparer une nouvelle génération d'étiquettes et tenter de vendre l'actuelle à quelques propriétaires de magasins particulièrement réceptifs à l'innovation et aux nouvelles technologies.

Le 1er janvier 1999 fut une date douloureuse et faillit être fatale à la jeune entreprise. *« Le concepteur du programme de l'étiquette n'avait pas prévu que le coefficient franc/euro comporterait six chiffres et l'affichage indicatif des prix en euros calculés par l'étiquette n'était pas juste, à quelques centimes près ».* Cette défaillance qui aurait pu tuer l'entreprise dans l'œuf obligea son président à aller voir les clients un à un pour les convaincre de ne pas demander de dédommagements qui auraient conduit l'entreprise à la faillite. Les clients à quelques exceptions près acceptèrent d'attendre la nouvelle étiquette dont le développement fut encore accéléré.
« L'adoption d'une nouvelle technologie est un processus toujours plus long que prévu et il nous a fallu lever régulièrement des capitaux pour supporter ce décalage ». L'entreprise rebaptisée Store Electronic Systems accueillera donc de nouveaux actionnaires au rang desquels on retrouve notamment la Caisse des Dépôts et Consignations.

En 2001, Store Electronic Systems forte de ses installations dans les enseignes Leclerc, Intermarché, Système U passe en cash flow positif. En 2003, forte de la démonstration en France de la pertinence, de la performance et de la fiabilité de son système, l'entreprise lance son activité export. Les premiers succès viennent de la Belgique, du Portugal, de l'Espagne, de l'Italie.

Aujourd'hui Store Electronic Systems a installé plus de 40 millions d'étiquettes dans près de 2000 magasins dans le monde.
On retrouve le produit de la PME française sur trois continents en Asie, au Japon ou encore à Singapour, en Amérique Centrale et du Sud et dans presque chaque pays européen. L'entreprise dont la rentabilité est maintenant impressionnante a protégé et *« couvert »* son système par 14 brevets mondiaux, son sourcing, mondial, est à l'image de ses ventes, et mobilise l'expertise de sous-traitants japonais, chinois, européens .
Mondialisation avant l'heure, technologie de pointe, process d'innovation permanent, en rendant visite à Store Electronic Systems, on comprend que Philippe Catteau ait remplacé son mot d'ordre prudent de 1998 : *« le pire n'est jamais sûr »* par un joyeux *« chez Store Electronic Systems aujourd'hui c'est déjà demain ! ».*

Aujourd'hui, deux choses seulement pourraient menacer le fabuleux destin de l'entreprise qui a rendu l'étiquette intelligente. Que les produits ne changent plus jamais de prix. Ou que les hommes renoncent à donner des prix aux choses. Mais les régimes politiques où l'économie est planifiée et les sociétés non marchandes n'étant pas, pour l'instant, un modèle de développement très crédible, l'étiquette intelligente a tout l'avenir devant elle.

Marc VERDET

Traqueur ou l'entrepreneur passe-muraille

Dans la nouvelle de Marcel Aymé, le passe-muraille est Dutilleul, un modeste fonctionnaire qui devient cambrioleur sous le nom de Garou-Garou .
Dans l'histoire de Traqueur, le passe-muraille est une technologie qui permet de retrouver les voitures volées.
Changement d'époque, inversion des usages.
A 65 ans, Jean-Jacques Schmoll, après avoir obtenu une licence exclusive pour exploiter la technologie américaine de la société LoJack, crée un opérateur d'un nouveau genre : un opérateur pour détecter les véhicules volés.
Pendant 5 ans, la technologie peine à prouver son efficacité. Mais surtout le marché n'a pas encore été créé. La technologie existe mais pas le marché.
Marc Verdet va le créer à partir de 2003.
En 2007, Traqueur, leader français du marché de l'après-vol est introduit en Bourse sur Alternext. Le jour de l'introduction, il y a 7 fois plus de titres demandés que la quantité offerte.

En France, un véhicule est volé toutes les deux minutes.
« Nous allons créer le marché de masse de l'après-vol automobile » a déclaré Marc Verdet, le jour de l'introduction en Bourse. En à peine plus de temps qu'il n'en faut pour retrouver une voiture volée avec Traqueur, son ambition est réalisée.
Aux Etats-Unis, 6 millions de voitures sont équipées par la technologie de la société américaine LoJack ; en France, à ce jour, on compte 75 000 véhicules équipés. 92 % d'efficacité, des voitures retrouvées en moyenne en une demi-journée, un abonnement mensuel de 11 euros, les Français abonnés se vivent encore aujourd'hui comme des pionniers. Il y a fort à parier qu'ils ne le resteront pas longtemps. Car Marc Verdet travaille depuis 2003 à convertir les Français au marché de l'après-vol.

Mais que faut-il donc faire pour créer un marché ?
Au commencement n'était pas le Verbe mais la technologie. Celle de Traqueur est exclusive, car elle est passe-muraille. Elle est la seule capable de débusquer les véhicules à travers les bâtiments, les parkings, les sous-sols, les conteneurs. La seule à pouvoir détecter à une distance de plusieurs kilomètres un véhicule avec une précision de trois mètres. Cavernes, casemates, redoutes, blockhaus, bunkers, villes souterraines, nids d'aigle, tous les retranchements et fortifications imaginés par les hommes de la Préhistoire à James Bond sont ruinés par le pouvoir passe-muraille de la technologie Traqueur. La puce Traqueur est universellement compatible, elle s'adapte à tous les types de véhicules, les gros, les petits, les marques chics et celles qui le sont moins, les quatre roues, les deux roues et même si vous le pensez nécessaire, le tricycle de votre enfant.

Même si elle peut en avoir l'air, la puce Traqueur n'est pas un gadget de services secrets. Ce n'est pas M, la fascinante patronne de James Bond qui vous la confiera un jour. Pour une raison très simple : n'importe qui peut la trouver dans les quelques 600 centres agréés en France chez les concessionnaires automobiles et pas uniquement chez les concessionnaires de marque haut de gamme ou de luxe. Pourquoi le propriétaire d'une petite Toyota serait moins attaché à sa voiture que celui de la dernière berline BMW ?
Universellement compatible, la puce Traqueur ne pouvait rester le privilège des particuliers. Marc Verdet décide donc de fusionner deux technologies pour être aussi performant sur le marché des particuliers que sur celui des professionnels. Fleet Technology, spécialiste de la géo-localisation et de la gestion des flottes qui opère commercialement sous la marque Volsatt devient une filiale de Traqueur en 2006. Là où son prédécesseur avait échoué, handicapé par le fiasco de l'imposture technologique de Volback, Marc Verdet réussira.

Aujourd'hui, Traqueur est attributaire de deux licences hertziennes dédiées qui lui permettent de couvrir 95% des zones de vol avec 150 pylônes répartis sur le territoire français. Le système de surveillance une fois mis au point, il faut pouvoir actionner le système d'intervention. En 2001, la gendarmerie nationale signe donc, au nom du Ministère de la Défense, une convention de coopération pour équiper de plus d'un millier de détecteurs ses voitures et ses hélicoptères. Deux ans plus tard, la police nationale, au nom du ministère de l'Intérieur, adopte le système Traqueur pour l'Ile-de-France. Et les polices municipales d'une trentaine de villes ont déjà suivi.

Contrôle et répression, d'un côté, anticipation et prévention, de l'autre. En complément des conventions signées avec les forces de l'ordre, Marc Verdet initie des partenariats avec les assureurs comme Groupama, MMA, Gan ou Mondial Assistance. Petit à petit, les assureurs deviennent des prescripteurs, le marché s'élargit.

Il y a le produit et il y a le service. La puce et l'assistance.
A chacun son travail. La puce espionne, par les vertus des technologies croisées VHF, GPS, GSM, localise les véhicules volés. L'assistance permet aux abonnés de faire face après le vol .Tout est pensé pour aider l'abonné à surmonter le plus rapidement l'épreuve, à dépasser le traumatisme du vol. On lui envoie un taxi, on lui prête un véhicule de remplacement, on lui remet complètement à neuf sa voiture retrouvée afin de supprimer le moindre indice susceptible de raviver le souvenir du traumatisme du vol, on lui apporte le soutien psychologique nécessaire dans les cas où le vol de sa voiture s'est effectué alors qu'il était dedans. Du vol au viol, il n'y a qu'un « *i* ». Entre l'automobiliste violemment débarqué de sa voiture et le propriétaire tranquillement dépossédé de son bien en son absence, il y a plus qu'une différence de degré dans la façon dont le délit est vécu. Le premier se vit souvent comme violé, le second est simplement volé.

Demain, Traqueur élargira sans doute son offre à d'autres biens que les véhicules. Objets précieux, ordinateurs, œuvres d'art, documents de valeur mais pourquoi pas aussi, animaux domestiques ou animaux de concours, chiens, chats, chevaux de course. Qui sait si, un jour même, Traqueur ne retrouvera pas nos souvenirs, nos amours et nos rêves volés ?
L'entreprise aura alors quitté le marché, la Bourse et les investisseurs pour entrer dans la science-fiction.

Loïc GERTGEN

Vecteur Plus ou l'entrepreneur qui a déclaré la guerre à l'ego

C'est l'histoire d'une entreprise créée avec 120 000 francs en 1995, qui se revend 28 millions d'euros dix ans plus tard au groupe Le Moniteur. Vecteur Plus invente l'abonnement à l'information qualifiée pour les commerciaux des petites et moyennes entreprises comme Canal+ avait inventé un peu plus tôt l'abonnement télé. Mais ce n'est pas une histoire d'argent. L'argent est venu précisément parce qu'il n'a jamais été la finalité de l'histoire. L'essentiel est invisible pour l'argent car l'essentiel dans une entreprise, c'est sa vision, son modèle, sa méthode. Et l'obstination de son fondateur.

La vision de Loïc Gertgen ? Les commerciaux des petites et moyennes entreprises manquent d'informations sur leurs marchés.
Si un homme averti en vaut deux, un commercial informé en vaut dix. Il faut donc apporter aux commerciaux l'intelligence économique dont ils ont besoin à leur échelle, c'est-à dire une information qualifiée qui leur donne les moyens de prospecter leurs cibles plus efficacement.
Que l'intelligence guide le monde reste à prouver, que l'intelligence économique guide les marchés est indiscutable. Pas la subtilité de l'intelligence conceptuelle, projective, inventive mais la pertinence de l'intelligence service à l'anglo-saxonne, celle qui est du côté du renseignement et de l'information. Savoir pour agir et agir pour gagner.
Un jour, on voit des choses que l'on ne voyait pas la veille.
C'est ce qui arrive à Loïc Gertgen. La guerre du Golfe de 1991 l'oblige à revendre deux usines de meubles qu'il avait achetées dans l'Aisne après la cession de la société de son père. Il sait désormais qu'il ne veut plus avoir à gérer des stocks, des usines, des ouvriers. Il veut s'affranchir des pressions du monde de l'industrie qu'il pratique depuis l'âge de 19 ans. Fabrication de meubles et de matelas dans une usine du Nord avec son père, livraison de sièges pour les distributeurs de luxe, vente directe de meubles en usine.
La fatigue, c'est le temps qui rentre dans la chair a écrit Simone Weil.

Tout à coup, la pesanteur du monde vous tombe sur le dos sans que vous sachiez exactement pourquoi. Il faut réagir, partir, changer, retrouver vite l'appel du large. Même si c'est pour devenir, comme le jeune Loïc, commercial dans une société d'études belge spécialiste des énergies renouvelables.
L'ennui à haute dose tue l'élan vital ; à petite dose il rend créatif parce qu'il rend disponible et laisse aux intuitions le temps de mûrir pour se transformer en idées.
Le futur entrepreneur observe ainsi avec attention la création d'une nouvelle société née en 1994, l'Observatoire des Marchés Publics, qui collecte et traite l'information pour permettre à ses clients de gagner des marchés publics. Déclic. Il suffit de rendre le même service aux PME. Evidence. Et de ne pas avoir la folie des grandeurs. Vecteur Plus ne traitera l'information pour les commerciaux des PME que dans la région Pays-de-Loire.

L'odyssée commence dans les locaux d'un coiffeur en faillite. Quatre personnes collectent l'info, la codent, la trient et deux courent la campagne entre Châteaubriant, Château-Gontier, Parthenay, Bressuire, Cholet, Redon. Une forme de compagnonnage de l'information est née. Très vite, d'autres compagnons normands, bordelais, bretons viennent grossir la troupe. La barre des 1000 clients est franchie, chaque abonné payant son abonnement annuel 800 euros s'il est départemental et 12 000 euros s'il est national.
L'information est livrée à un prix très compétitif parce qu'elle mutualisée : pour chaque info obtenue, 13 questions sont posées pour 13 métiers différents. Les nouveaux mousquetaires de l'information font des jaloux. Leur principal concurrent propose de les racheter pour 10 millions de francs soit le chiffre d'affaires de l'époque de Vecteur Plus. Refus. Refus et contre-attaque. Loïc Gertgen propose à son tour 20 millions pour racheter son concurrent. Un deal simple: il propose aux investisseurs d'investir dans son entreprise la somme dont il a besoin pour racheter l'autre. Coup de maître. Coup d'envoi pour le développement de la jeune entreprise.

Le modèle Vecteur Plus ?
Il repose sur un raisonnement simplissime, presque une lapalissade :

quand on est pauvre et sans argent, il faut imaginer le modèle qui permet de créer une entreprise qui se développe le plus vite possible sans argent.
Donc Vecteur Plus vendra des abonnements qui donneront accès à de l'information qualifiée pour les petites et moyennes entreprises. Ces abonnements seront tacitement reconduits comme ceux des assureurs. Et tous les clients paieront un an d'avance. Les principes sont presque brutaux tellement ils sont simples. A ce jour, l'entreprise compte 6000 clients dont 300 grands comptes. Mais chez Vecteur Plus, il y a encore plus original que la vision de l'entreprise et son modèle.
C'est sa méthode : guerre totale à l'ego. Egocentriques de tout acabit, quelle que soit votre pathologie, passez votre chemin, vous ne travaillerez jamais pour Vecteur Plus. Modestement Loïc Gertgen précise *« vous ne pouvez pas être humaniste avec les égocentriques ».* Pas d'ego, pas de conflit, pas d'imposture et une fidélisation des salariés beaucoup plus forte. Pas d'ego, pas de vanité et donc moins d'intrigue et de trahison. Pas d'ego, pas de frustration et donc beaucoup moins de propos calculés, convenus, compassés. Pas d'ego, pas de mimétisme et pas de jalousie. Inutile d'avoir fait une grande école pour comprendre cela.
Rousseau le savait déjà, il ne faut pas confondre l'amour propre et l'amour de soi.
« L'amour de soi, qui ne regarde qu'à nous, est content quand nos vrais besoins sont satisfaits : mais l'amour propre, qui se compare, n'est jamais content et ne saurait l'être, parce que ce sentiment, en nous préférant aux autres, exige aussi que les autres nous préfèrent à eux ; ce qui est impossible. Voilà comment les passions douces et affectueuses naissent de l'amour de soi, et comment les passions haineuses et irascibles naissent de l'amour propre ».

Les entrepreneurs rousseauistes sont rares. Les entrepreneurs rousseauistes qui réussissent encore plus.
En parfait rousseauiste, Loïc Gertgen a tout compris à la dureté du monde de l'entreprise et aux moyens d'y remédier. Il déteste les mythes, pourfend avec la même violence ceux qui se plaignent en prétendant que l'Etat n'aide pas suffisamment les entrepreneurs ou que les banquiers sont trop durs et ceux qui laissent penser que la création

d'une entreprise est une partie de plaisir. Non aux plaintes, non aux illusions !

Un jour, un jeune homme qui a perdu son père à l'âge de 12 ans rentre dans son bureau, lui explique qu'il veut gagner la Transat comme son oncle. *« Que faut-il faire pour gagner la Transat ? »* lui demande l'entrepreneur. *« Il faut monter sur un 6m50 et il faut traverser »* répond le jeune homme, *« mais pour avoir une chance de gagner, il faut se préparer pendant au moins 3 ans et faire la course en solitaire au moins trois fois ».* L'entrepreneur lui donne de l'argent. En deux ans, à l'exception des Transats, le bateau Vecteur Plus a gagné 7 courses sur 14.

Le vent se lève, il faut partir. Un jour, c'est sûr, le bateau Vecteur Plus gagnera la Transat.

Michel ALARD

Wavecom ou le chercheur qui a mal tourné

Il est le maître de toutes les machines communicantes à l'exception du téléphone portable. Un ancien chercheur en télécommunications, transmissions numériques, reconverti chez Matra démissionne avec deux autres ingénieurs au moment du rachat par Nortel. En 1994, avec un capital de 250 000 francs, apportés à parts égales par les trois ingénieurs, il crée Wavecom, un nom qui « traduit un peu mieux notre ambition internationale que si on avait choisi de s'appeler la Radiotéléphonie Française ». L'entreprise, croît en moyenne de 100% par an durant les huit premières années. Elle est devenue ainsi le leader mondial de la communication dite machine-to-machine (M2M).

Sur la Terre, nous sommes plus de 6 milliards sans compter les 30 milliards de machines intelligentes.

Ce que Michel Alard appelle les machines intelligentes, ce sont les machines dotées de microprocesseurs. 30 milliards de machines qui ne demandent qu'à devenir plus intelligentes, c'est-à-dire à être équipées des meilleurs systèmes de communication : GPS, GPRS, 3G.

L'homme est une machine communicante qui fabrique des machines communicantes. C'est autour de cette vision de l'humanité que Michel Alard a développé son business. Wavecom est, si l'on s'accorde sur cette définition de l'humanité, la plus humaine des entreprises.

C'est elle qui, par exemple, rend votre voiture, votre compteur électrique, votre compteur de gaz ou le terminal de paiements carte bleue de vos boutiques préférées plus intelligents. *« l'exemple tarte à la crème des nouvelles machines intelligentes, c'est le réfrigérateur qui téléphonera directement au supermarché pour refaire le plein en fonction de la consommation de la semaine ».* Ici, l'intelligence est une intelligence de service, bienveillante et utile. Ailleurs, l'intelligence devient thérapeutique : il suffit de munir toutes les machines qui tombent souvent en panne, se bloquent ou s'enrayent, d'un module avec un bon processeur pour qu'elles se soignent toutes seules,

en signalant automatiquement leurs symptômes, ou même anticipent les défaillances potentielles et les communiquent à l'entreprise en charge de leur maintenance. Une sorte d'automédication technologique parfaite pour les ascenseurs et les voitures par exemple. Mais l'intelligence de la machine peut aussi se faire espionne, se transformer en intelligence de surveillance et de contrôle.
« Une grande marque de café a réalisé que beaucoup d'entreprises achetaient des capsules sur le marché parallèle, compatibles avec ses machines à café, au lieu d'acheter les capsules de la marque. Elle a donc équipé ses machines à café d'un compteur qui calcule le nombre de capsules consommées. Grâce à l'information fournie par ce compteur, cette marque a pu calculer et faire la différence entre le nombre de capsules commandées chez elle et le nombre des capsules utilisées réellement par les machines à café ».

Au début, les ingénieurs démissionnaires font exactement ce qu'il ne faut pas faire, démarrer sans véritable business plan, avec la simple idée que le marché des télécoms allait se développer et surtout la très bonne idée que le marché du GSM allait exploser.
La chance sourit à leur très bonne idée. Ils récupèrent les marchés de Matra et font même travailler dans les locaux de Matra d'autres ingénieurs qu'ils engagent pour réaliser des études pour Philips ou Samsung. *« Les premiers téléphones Samsung, c'était la technologie Wavecom ».*

En 1996, les ingénieurs démissionnaires affinent le modèle de développement de leur entreprise : ils décident de se concentrer sur le cœur technologique des téléphones portables, la fonction communication du GSM, et de standardiser ce qui tient lieu de carte mère du téléphone.

Une entreprise qui vit de la vente de ses licences a besoin de moins d'argent que celle qui vend des produits.
« Mais il faut bien trouver des sous pour faire avancer le schmilblick ».
En 1999, Wavecom, pour lever des fonds, tente une double introduction en Bourse, sur le Nouveau Marché et au Nasdaq. Les indicateurs sont au vert, le monde entier spécule sur l'explosion des valeurs tech-

nologiques et l'avènement de la Nouvelle Economie. *« C'était l'époque où l'on racontait l'histoire du petit garçon qui se balade à Wall Street avec son chien en laisse. Il rencontre un autre petit garçon qui lui dit, comme il est mignon ton chien, comme il est beau, il est à toi ? oui, oui mais je viens juste de le vendre un million de dollars. Mais comment as-tu fait ? lui demande l'autre. C'est très simple, je l'ai échangé contre deux chats à 500 000 dollars ».*
Les ingénieurs entrent de plein fouet dans l'euphorie de l'économie-spectacle dont le roadshow est la grande transe collective, mais plus le processus avance, plus le climat se dégrade.
Au dernier moment, sur l'aéroport de San Diego, les banquiers leur annoncent qu'ils ne peuvent introduire Wavecom au Nasdaq qu'à 14 dollars, un prix légèrement revu à la baisse par apport au prix annoncé initialement. La COB (Commission des Opérations Boursières) bloque. *« Si on arrêtait le processus, c'était foutu, la boîte déposait le bilan et je devenais SDF puisque je me retrouvais à la tête d'une dette de 3 millions de francs que je ne pouvais pas rembourser ».*
Pour la plus grande gloire de toutes les machines communicantes à venir et pour le salut des familles des ingénieurs, leurs avocats réussissent à faire fléchir la COB. 50 millions d'euros sont levés. Ils créent une filiale à Hong-Kong, juste après le rattachement à la Chine, grandissent avec le chinois TCL qui représente Bientôt 80% de son chiffre d'affaires. Jusqu'au jour où TCL, qui travaille déjà avec d'autres fournisseurs, annule ses commandes. Le cours de Bourse de Wavecom plonge de 98 %, en 2003, l'entreprise perd 84 millions d'euros.

Il faut la reprogrammer ou mourir, changer de logiciel comme le répètent aujourd'hui à l'envie nos hommes politiques pour donner un air moderne et technologique à leurs accents autrefois lyriques.
Les ingénieurs changent radicalement de stratégie, ils abandonnent l'activité du portable pour se recentrer sur les machines communicantes. Wavecom passe de 900 personnes à 340 et recrute un nouveau directeur général américain. L'entreprise spécialiste des solutions de communication sans fil vend déjà à l'industrie automobile en Europe 2 millions de modules par an sur 15 millions de véhicules vendus chaque année. Cette fois, le choix stratégique est le bon.

« Mon grand père était un inventeur génial, il faisait des télescopes avec des tuyaux d'échappement et une pompe à vélo ».

En sa mémoire et au nom de sa jeunesse de chercheur dopé par le brevet qu'il dépose à 30 ans, un système de modulation numérique utilisé depuis par la TNT, l'ADSL et le Wifi notamment, mais frustré par le manque total de reconnaissance de ses percées scientifiques, Michel Alard rêve désormais de rendre communicantes 30 milliards de machines en les équipant avec ses micro-processeurs sans fil.

L'homme est une machine communicante qui fabrique des machines communicantes. Sous cet angle, la seule limite au développement du marché de Wavecom est l'hypothèse de l'extinction de notre espèce.

Index

Achevé d'imprimer sur les Presses de l'Imprimerie de Champagne, 52200 Langres
Dépôt légal : Octobre 2007 - N° d'ordre : 0. 867